Gaby Schmidt

Lesestunde

Bibliografische Information der Deutschen Nationalbibliothek:

Die Deutsche Nationalbibliothek verzeichnet diese Publikation in der Deutschen Nationalbibliografie; detaillierte bibliografische Daten sind im Internet über http://dnb.dnb.de abrufbar.

Herstellung und Verlag:

BoD – Books on Demand, Norderstedt

ISBN: 978-3-7528-4710-9

Inhaltsverzeichnis

„Muße ist der schönste Besitz von allen."

(Sokrates)

Kindheitsträume

Wohlig warme Sommernacht.

Ich schließe meine Augen.

Erinnerungen werden wach.

Sie durchziehen meine Gedanken

wie feine, seidene Fäden.

Weben sich fort in ein filigranes Netz,

eingefangen Märchen aus der Kindheit.

Elfen – zart wie Schmetterlingsflügel,

Feen – gute, böse

Kobolde –witzig, frech

tummeln sich in meinem Kopf.

Glühwürmchen umschwirren mich,

bringen mich zurück in die Gegenwart.

Ich öffne die Augen.

Vorbei.

Die kleine Elfe

Im Elfenland lebte einst die kleine, junge Elfe Tatanka, die noch nichts von der großen weiten Welt gesehen hatte. Sie wusste nur vom Hörensagen, wie schön es bei den Menschen auf der Erde sei. Wunderschöne Blumen wuchsen dort, Häuser so groß wie ein Berg gaben den Menschen Unterschlupf, riesige bunte Vögel flogen in Scharen gen Himmel. Ach, wie gerne würde sie dieses auch einmal mit eigenen Augen sehen. Aber sie musste sich noch etwas gedulden. Ihr Geburtstag rückte von Tag zu Tag näher und dann durfte sie endlich in Begleitung einer erwachsenen Elfe zu den Menschen auf die Erde. Einige Ermahnungen musste sie noch mit auf den Weg nehmen: „Du darfst niemals mit einem Menschen reden, dich nie ganz in seine Nähe begeben, immer Abstand halten. Wenn du dich mit einem Menschenkind anfreundest, kannst du nicht mehr zu uns zurück ins Elfenland kommen. Wir sind nur da, um die Menschen vor sich selbst und vor anderen Gefahren zu schützen, mein liebes Kind!" Tatanka nickte und die goldenen Glöckchen, die sie um ihren zarten Hals trug, erklangen in wundersamer Weise. Ihr Kleid bestand aus hauchdünner, rosafarbener Seide. Ihr blondgelocktes Haar warf durch die Sonnenstrahlen glitzernde Sternchen zurück und mit jedem Flügelschlag pulsierte das Blut in ihren Adern.

„Du bist das schönste Elfenkind, das die Menschen auf der Erde vor Gefahren beschützen darf", sagte ihre Begleitung. „Nimm dich aber in Acht, denn du bist ganz allein auf dich gestellt!"

Die kleine Elfe nahm den Rat der Älteren gerne an, denn es drängte sie, schnellstmöglich zu den Menschen auf die Erde zu kommen. Früh am Morgen ihres Geburtstages, der Tau lag noch wie eine schützende Hand über den Wiesen und Auen, begaben sie sich auf die Reise. Sie schwebten leicht wie eine Feder durch die Luft. Als sie ihr Ziel, eine wunderschöne grüne Wiese mit bunten Wildkräutern erreicht hatten, ließen sie sich hinabgleiten. Es war eine Wonne, ihnen zuzuschauen. Sie setzten sich auf einen Stein, der in der Nähe der Kräuter lag, um sich auszuruhen, denn die Reise war für die kleine Elfe anstrengend und aufregend gewesen. So viele neue Eindrücke kamen auf sie zu. Sie sah Bienen und Hummeln umherschwirren, die sich auf den Blüten niederließen, um Nektar zu sammeln. Eine Hasenfamilie hüpfte an ihnen vorbei und ein Frosch quakte zum Steinerweichen. Das war die Natur wie die Elfen sie liebten, sie waren ja selbst auch Naturwesen und konnten sich daher gut anpassen. Sie waren scheu und zeigten sich den Menschen nur, wenn diese eins mit ihnen waren.

Die Elfenfrau verabschiedete sich von Tatanka und meinte: „Mein liebes Kind, ich lasse dich nun allein zurück. Du wurdest gut auf deine Aufgabe vorbereitet und es dürfte keine Schwierigkeit für dich sein, diese zu bestreiten. Lebe wohl", und damit schwebte sie davon.

Nun sah sich die kleine Elfe ganz verloren um. Etwas eigenartig war ihr doch zumute. Was sollte sie wohl als Erstes tun? Sie blickte sich um und stellte fest, dass ganz in der Nähe ein kleiner Bach vorbeifloss. Dort wollte sie hin und sich in das kühlende Nass begeben. Sie putzte sich noch schnell über die hauchdünnen Flügel, um die feine Staubschicht auf ihnen zu entfernen, denn schon die kleinste Verunreinigung konnte sie bei ihrem Flug zum Abstürzen bringen. Sie hatte *diese* Erfahrung schon gemacht und war nun achtsam. Tatanka schwebte leicht wie eine Daunenfeder am Ufer des Baches nieder. Sie setzte sich auf eine gelbe Schlüsselblume, die eben erst ihre Blüte entfaltete und summte leise ein Lied, welches sie von den älteren Elfen gelernt hatte. Es hörte sich an, wie ein leises Rauschen des Windes. Plötzlich wurde sie durch ein lautes Geräusch, welches sie nicht einordnen konnte, aufgeschreckt. Sie versteckte sich unter den Grashalmen und hoffte, nicht entdeckt zu werden. Aber neugierig wie sie war, steckte sie ihr Köpfchen aus dem Versteck und sah eine Schafherde auf der Wiese weiden. Junge Lämmchen grasten dort und jetzt wusste sie auch, wer das Geräusch verursacht hatte. Es waren die Schafe mit ihrem mäh, mäh.

Doch was sie nun erblickte, ließ sie vergessen, wer und wo sie war. Im satten Grün der Wiese lag ein wunderschöner Jüngling. Er schlief. Sein schwarzes

Haar war unter einer unförmigen Mütze verborgen, nur einige Strähnen schauten heraus und ließen erkennen, welche Farbe seine Locken hatten. Tatanka flog zu ihm herüber und ließ sich lautlos neben ihm nieder.

„Wie schön doch dieses Menschenkind ist", dachte sie und eine leise Wehmut stieg in ihr auf. Wie hatte die Elfenfrau zu ihr gesagt? Freunde dich nicht mit einem Menschen an, denn dann kannst du nie mehr zu uns zurück. Doch die kleine Elfe hatte sich unsterblich in den schlafenden Jüngling verliebt. Und jetzt war sie sehr traurig, ihr kleines Herz war verwundet und es schmerzte bei dem Gedanken, dieses Menschenkind nie mehr wiederzusehen. Und sie weinte vor Kummer viele Tränen. Dann trat sie an den Jüngling heran und küsste ihn zärtlich und raunte ihm ins Ohr: „Nun sehe ich dich noch zweimal und dann niemals mehr. Dann flog sie davon. Als der Jüngling erwachte, wunderte er sich sehr. Er glaubte, einen schönen Traum gehabt zu haben. Eine Elfe hatte ihn geküsst. Als er sich umblickte, sah er sieben weiße, vollkommene Perlen im Gras liegen. Er hob sie auf und bewunderte sie. Er konnte sich nicht erklären, wo sie herkamen. Er nahm seine Stofftasche und legte die Perlen vorsichtig hinein, bevor er sich die Tasche über die Schulter warf. Dann sammelte er seine Schafe ein und machte sich auf den Heimweg. Am nächsten Tag war er wieder an der gleichen Stelle am Bach, ließ die Schafe weiden, legte sich ins Gras und schlief ein. Tatanka hatte auf ihn gewartet. Wie am Tag zuvor ließ sie sich vor ihm nieder, küsste ihn und raunte ihm ins Ohr: „Nun sehe ich dich noch einmal und dann niemals mehr." Dann weinte sie wieder bittere Tränen und flog davon. Der Schafhirte fand beim Erwachen wieder sieben weiße, vollkommene Perlen und wunderte sich sehr. Er legte sie zu den anderen Perlen und dachte bei sich: „Morgen werde ich versuchen, nicht einzuschlafen. Ich muss doch sehen, welche Dinge hier geschehen und woher die wunderschönen Perlen kommen."

Am dritten Tag legte der junge Mann sich wieder ins Gras, aber er tat nur so, als ob er schlief. Tatanka, die kleine Elfe, schwebte heran und ließ sich vor dem Jüngling nieder. Wieder küsste sie ihn und sprach: „Nun sehe ich dich ein letztes Mal", und weinte erneut bittere Tränen, die zu weißen Perlen wurden und auf die weiche, moosbedeckte Erde fielen. Der Jüngling schlug die Augen auf und erblickte zu seinem Erstaunen eine Elfe, eine wunderschöne Elfe. Sofort entflammte sein Herz für sie. Behutsam näherte er sich Tatanka und flüsterte ihr zu: „Hab keine Angst, kleine Elfe. Wie ist dein Name?" „Ich werde Tatanka genannt", erwiderte sie. Und traurig fügte sie hinzu: „Ich darf nicht mit dir reden. Jetzt kann ich nie mehr ins Elfenland zurückkehren." Der junge Schafhirte nahm Tatanka an der Hand und gestand ihr, dass er sich sofort als der die Augen aufschlug und sie sah, in sie verliebt hätte. Die kleine Elfe strahlte vor Glück und weil ein Mensch sie auch liebte, geschah das Wunder und sie nahm die Gestalt einer wunderschönen, jungen Frau an. „Komm mit mir, meine kleine Tatanka", sagte der Jüngling. „Schau nur, die Tränen, die du aus Kummer geweint hast, sind alle zu weißen vollkommenen Perlen geworden. Wir sind reich und haben genug, um ein ganzes Leben glücklich und zufrieden miteinander zu verbringen. Sag, willst du meine Frau werden?" „Ja, das will ich von ganzem Herzen", rief sie freudig aus.

Die Hochzeit wurde alsbald gefeiert und unter den Gästen befanden sich auch einige Elfen, die natürlich nur von den Menschen gesehen wurden, die eins mit ihnen waren. „Werde glücklich, kleine Tatanka", flüsterte eine Elfe ihr ins Ohr, nur für sie hörbar.

Und wenn sie nicht gestorben sind, dann leben sie noch heute glücklich und zufrieden.

Maientanz der Elfen

Es beginnt die Zeit der lauen Nächte,
der Mond ganz sanft die Blumen weckt.
Und auf der silberhellen Wiese
ein Lied erklingt vom Wind gespielt.

Wie Harfentöne schwebt es durch die Lüfte
und lockt herbei ein Elfenpaar.
Verträumte, süße Düfte
streuen in die Blütenschar.

Zart und fein schwingen sie zum Tanze
von Grillen, Nachtigall'n umringt.
Und in des Mondscheins vollem Glanze
ein Liebesfunke überspringt.

Am Waldesrande bei den Weiden
ungeahnt erscheint die Elfenschar.
Sie tanzt und singt im Reigen
umjubelt laut das Elfenpaar.

So wach ich auf und denke:
War es ein Traum, der mich umgab?
Oder gibt es sie, die Elfe
in einer lauen Maiennacht?

Das Mädchen aus dem Eismeer

Jahre vergingen, bis sich niemand mehr daran erinnern konnte, gegen welches Gesetz das arme Mädchen verstoßen hatte. Die Leute wussten nur noch, dass ihr Vater sie zur Strafe von einem Felsvorsprung ins Eismeer hineingestoßen hatte und dass sie ertrunken war. So lag sie für eine lange Zeit am Meeresboden[1].

Bis eines Tages ein Segelschiff hinausfuhr, deren Besatzung nach einem versunkenen Schatz suchen wollte. Die Männer hatten sich lange auf dieses Abenteuer vorbereitet und waren guter Laune. Bald würden sie reich sein, blödelten sie untereinander, obwohl keiner so recht daran glaubte. Zu oft waren sie enttäuscht von diesen Expeditionen an Land zurückgekommen und dem Gespött der Leute ausgesetzt gewesen. Die Sonne warf ihre Strahlen auf das Meer und das Blau des Freiwassers spiegelte sich in den Augen der Seefahrer wieder. Möwen und Sturmvögel begleiteten sie über eine große Strecke und zeigten ihnen die Richtung an. Eisschollen trieben an ihnen vorbei und auf einigen großen Schollen sonnten sich Robbenmütter mit ihren Babys in gefühlvollen Gebärden. Einer der Männer, dem Aussehen und Benehmen nach war es der Kapitän des Seglers, nahm eine Karte zur Hand und rief seine Crew zusammen:

---

[1] Einleitung aus *Die Skelettfrau* (Märchen der Inuit)

„Leute, der Seekarte nach zu urteilen, sind wir nur noch wenige Seemeilen von unserem Ziel entfernt". Jubelrufe wurden laut und ausgelassen tanzten die Männer über die Bohlen des Schiffdecks. Bald war die lange Reise vorbei. Der Steuermann stand am Ruder und fuhr sorgsam, von einem Lotsen angewiesen, durch die treibenden Eisschollen. Einige Matrosen hingen in der Takelage und beobachteten die See. Alle waren gespannt auf das, was vor ihnen lag. Einer der Matrosen rief dem Kapitän zu: „Land in Sicht, Käpt'n".

Der Kapitän ließ die Segel einholen und langsam fuhr das Schiff auf eine Insel zu. Der Anker wurde geworfen, die Boote aus dem Schiff zu Wasser gelassen und die Besatzung ruderte auf die Insel zu. Sie wollten sich hier noch mit dem Nötigsten versorgen. Ihre Lebensmittel gingen langsam zur Neige und der Wasservorrat musste aufgefüllt werden. Dann wollten sie weiter segeln zu dem Punkt, wo der Schatz versenkt sein sollte. Sie wurden von den Inselbewohnern begeistert aufgenommen und nachdem alles zur vollsten Zufriedenheit ausgeführt war, setzten sie die Segel, lichteten den Anker und setzten ihre Reise fort. Nach einem Tag und einer Nacht erreichten sie ihr Ziel. Der Karte nach lag das versunkene Schiff in welchem sich der Schatz befand (angeblich einige große Truhen mit Goldmünzen, Schmuck und sakralen Gegenständen), genau unter ihrem Schiff. Der Kapitän forderte zwei Matrosen auf, sich die Taucherausrüstung anzulegen und einen Blick auf die versunkene Fregatte zu werfen. Man werde dann später hinab tauchen und den Schatz bergen, meinte der Kapitän. Die beiden jungen Männer taten was ihnen geheißen wurde. Sie sprangen in das kühle Nass der aufschäumenden Fluten, winkten ihren Kameraden noch einmal zu und tauchten dann gänzlich unter Wasser. Hier unten in der Tiefe des Eismeeres herrschte vollkommene Stille. Es war ihnen, als sei die Zeit stehen geblieben, die Evolution hätte niemals stattgefunden. Unzählige kleine Fische, deren Namen sie nicht kannten, schwammen an ihnen vorbei. Muscheln saugten sich an ihren Anzügen fest, riesige Korallenbänke schlossen ihnen unbekannte Wasserpflanzen ein. Seesterne mit sieben Armen machten Jagd auf Krabben. Ein Hai umkreise sie mit wachsamen Augen und ein Prickeln durchlief ihre jungen Körper. Jetzt mussten sie ganz ruhig bleiben und durften keine Furcht zeigen, damit der Hai von ihnen abgelenkt wurde. Er hatte auch alsbald ein denkbar besseres Opfer gefunden und beachtete die beiden Taucher nicht mehr. Durch Handzeichen verständigten sie sich, noch tiefer zu tauchen, da sie bis jetzt das Schiffswrack noch nicht gefunden hatten. Der Karte nach musste es sich an dieser Stelle befinden. Vielleicht war es durch Turbulenzen tiefer ins Meer abgerutscht. Sie suchten alles sorgfältig ab, konnten aber kein gesunkenes Schiff entdecken. Und noch tiefer zu tauchen wagten sie sich nicht, denn dafür war ihre Tauchausrüstung nicht geeignet. Stattdessen erblickten sie eine wunderschöne Unterwasserlandschaft mit faszinierenden Gesteinsformationen und Grotten, aus denen in regelmäßigen Abständen herrlich bunte Fische an ihnen vorbei schwammen. Sie waren so in diese Idylle versunken, dass sie die Gestalt nahe der Grotte nicht sofort bemerkten. Erst nachdem ein Schwarm kleiner weißer Kraken, aufgeschreckt durch die ungestümen Gesten der beiden Männer, den Körper freigaben, schwammen sie zu der Höhle und was sie erblickten, ließ sie für Sekunden den Atem anhalten.

Ein wunderschönes Mädchen lag dort in einem gläsernen Sarg. Aber nein, es sah nur so aus. Sie war in ewigem Eis eingehüllt und es hatte den Anschein, als ob sie schliefe. Sie konnten ihren Blick nicht von der makellosen Erscheinung abwenden. Sie mussten sie mit auf das Schiff nehmen und herausfinden, wer sie war. Wie lange sie wohl schon hier unten in der Tiefe des Meeres lag? Die Antwort auf diese Frage würden sie wohl nie erfahren. Sie banden ein Seil um die Eisformation und deuteten ihren Kameraden auf Deck an, dass sie sie hochziehen sollten. Wie waren diese erstaunt, als sie anstatt des Schatzes einen Eisblock heraufgezogen hatten. Sie wollten ihn dem Meer wieder zurückgeben, als die beiden jungen Taucher an Deck erschienen und riefen, nachdem sie sich von ihren Tauchanzügen befreit hatten: „Das dürft ihr nicht. Seht ihr denn nicht, dass eine junge Frau in diesem Eisblock gefangen ist. Wir müssen sie doch befreien und herausfinden, wer sie ist und woher sie kommt". Die anderen Matrosen waren aufgebracht und meinten: „Ihr beide seid Traumtänzer. Das Mädchen lebt doch schon lange nicht mehr. Warum habt ihr sie nicht dort unten auf dem Meeresboden liegen lassen? Dort hatte sie ihre Ruhe. Und habt ihr den Schatz gefunden? Deswegen sind wir doch hier". Achselzuckend meinte einer der Taucher: „Nein, wir konnten kein gesunkenes Schiff entdecken. Vielleicht ist die Karte falsch oder es ist weiter abgerutscht. Wir tauchen später noch einmal mit einer besseren Ausrüstung hinab."

Damit war die Besatzung einverstanden und die Verärgerung ließ nach. So langsam legte sich die Dämmerung über das Schiff und Nebelschwaden umschlangen es mit ihren langen, dünnen Armen. Geisterhaft sah es aus. Ab und zu blinkte ein Warnlicht auf, damit der Segler von anderen Schiffen bemerkt und nicht gerammt wurde. Die Männer lagen in ihren Hängematten und schliefen. Nur eine Wache und der Steuermann befanden sich an Deck. Der Kapitän hatte sich in seine Koje zurückgezogen und plante für den kommenden Tag. Niemand beachtete das Mädchen in dem Eisblock. Allmählich taute das Eis und lief in kleinen Bächen an den Planken entlang, um sich dann in seiner ursprünglichen Form ins Meer zurückzuziehen. Durch ein entsetzlich lautes Getöse wurde die gesamte Besatzung des Segelschiffes aus ihrem Schlaf gerissen. Sie sprangen aus ihren Hängematten und rannten so schnell sie konnten an Deck. Irgendwer hatte die Schiffsglocke geläutet, es entstand ein heilloses Durcheinander. Niemand wusste, was geschehen war. Der Kapitän erschien an Deck und versuchte, seine Männer zu beruhigen und sich Klarheit zu verschaffen. Wie von Geisterhand ragte plötzlich ein riesiger Eisberg vor ihrem Schiff aus dem Meer. Und auf diesem Eisberg befand sich ein Schloss mit vier Türmen, einer großen steinernen Treppe, die ins Innere des Schlosses führte. Zahllose Fenster schauten auf sie herab und Seeschwalben umkreisten die Türme. Sie standen alle an Deck des Schiffes und schüttelten ihren Kopf wegen so viel Unverständnis. Plötzlich entstieg dem Unterdeck eine kleine in weißes Linnen eingehüllte Gestalt, die mit leisen Schritten auf die Matrosen zuging. Diese, noch ganz benommen von dem soeben Erlebten, standen starr vor Schreck an ihrem Platz.

„Ihr müsst keine Furcht haben", sagte das Mädchen. „Es geschieht euch kein Leid." „Wer bist du und woher kommst du?", wagte sich einer der jungen Männer, die sie mit auf das Schiff geholt hatten, zu fragen. „Ich bin eine Königstochter und das dort ist meines Vaters Schloss." „Aber warum lagst du auf dem Grunde des Meeres?" Fragend schaute der junge Mann sie an. „Mein Vater, der König, hat mich von diesem Felsen dort drüben", sie zeigte mit ihrer rechten Hand auf einen Felsvorsprung, „hinab ins Meer gestürzt, weil ich etwas Unrechtes getan haben sollte. Als Strafe für diese Tat wurde ich in das eisige Meer gestoßen. Er wollte mich bestimmt nicht ertrinken lassen. Aber das

Wasser war so kalt, dass ich nicht mehr atmen konnte. So war ich in der Tiefsee gefangen und nur ein Mensch konnte mich befreien. Und dieser Mensch bist du. Als Dank nehme ich dich mit auf mein Schloss."

Der junge Mann war sehr angetan von dem hübschen Mädchen, aber er konnte sich nicht vorstellen, in diesem Schloss auf dem Eisberg in dem Eismeer mir ihr zu leben. Hier war alles so kalt und farblos. Keine einzige bunte Blume gab es, nur Eisblumen. Wenn er daran dachte, gefror ihm das Blut. Er versuchte, ihr mit zarten, gefühlvollen Worten verständlich zu machen, dass dies nicht seine Welt sei. Er brauche Leben, grüne Wiesen und Wälder und Menschen um sich herum, wenn er von einer gefahrvollen Seereise wieder nach Hause komme, sagte er. „Das hier ist auch nicht meine Welt", entgegnete die Prinzessin. „Sobald du mit mir auf mein Schloss kommst und mein Gemahl wirst, verwandelt sich alles zum Guten. Du musst mir vertrauen."

So entschloss sich der junge Mann, der Königstochter zu folgen. Und wie sie es vorhergesagt hatte, befanden sie sich plötzlich nicht mehr im Eismeer, sondern am Ufer des Meeres mit einem riesigen Park voll grüner Bäume und prächtigen Pflanzen. Sie lebten dort glücklich und zufrieden bis an ihr Lebensende. Die Besatzung des Schiffes fand ihren Schatz. Endlich hatte sich ihr Traum erfüllt. Das versunkene Schiff lag unter dem Eisberg. Sie kehrten als reiche und angesehene Männer in ihre Heimat zurück.

Sturmnacht

Die Nacht senkt sich bleiern über das Land,

der Tag ein glückliches Ende fand.

Doch Sturmwinde künden ein Unwetter an

und Kind, Frau und Mann.

Zuflucht suchen in sicherem Heim,

denn Furcht und Bangen stellen sich ein.

Und draußen auf hoher See

Sturmbestien peitschen die Wellen wie Schnee.

Nebelbänke verschleiern die Sicht

und aus trüber, schaumiger Gischt

erscheint wie aus dem Nichts

ein Schiff.

Wie von Geisterhand gezogen

gleitet es lautlos durch die Wogen.

Düstere Stille liegt über dem Schiff,

gefahrlos umsegelt es ein gewaltiges Riff.

Die Mannschaft an Bord wohl im Schlafe liegt,

nur der Lotse und Steuermann das Meer besiegt.

Vom Ufer blinkt des Leuchtturms Licht,

sie steuern drauf zu und in ihrem Gesicht

erkennt man hoffnungsvolles Schaffen

um zu erreichen den sicheren Hafen.

Des Seemanns Schicksal

Trunken vom süßen Gesang der Sirenen
stürzt er sich in Poseidons Reich.

Himeropa – die Sanfte und
Peisinoe – die Überredende
umschlingen ihn mit betörendem Duft.

Wie ein lebender Stein sinkt er hinab
in die Tiefen des weiten Meeres,
vereint mit vielen Gefährten,
die gleiches Schicksal erlitten.

Das Dach der Welt

Konrad, ein gutaussehender Mann mittleren Alters, stand am Bahnhof und wartete ungeduldig auf den Zug, der ihn an den Flughafen bringen sollte. Er hatte Verspätung, schon eine halbe Stunde. Das kannte man ja bei der Bahn. Nie waren sie pünktlich. Und er musste doch das Flugzeug noch erreichen, das ihn an sein Ziel bringen sollte. Lange genug hatte er auf dieses Ereignis hin gewartet. Er hatte sich einer Gruppe von Bergsteigern angeschlossen, die in Tibet den 5.406 m hohen Satsam La Pass in der Nähe des heiligen Berges Kailash besteigen wollten. Und da er ein begeisterter Bergkletterer war, kam ihm das Angebot eines befreundeten, gleichgesinnten Ehepaares gerade recht. Die Gruppe traf sich am Flughafen, da sie aus der ganzen Bundesrepublik anreisten. Konrad war sonst die Ruhe in Person. Das konnten auch seine Studenten bestätigen. Er war Professor an der Hochschule für Bildende Künste in Dresden und unterrichtete seine Schüler in „Malerei". Er war dort sehr beliebt, weil er immer ein offenes Ohr für seine Studenten hatte, wenn sie einmal mit Problemen, ob privat oder schulischer Natur, an ihn herantraten. Er strahlte ein Charisma aus, dem man sich kaum entziehen konnte. Und nun stand er hier am Bahnhof, wartete und trat ungeduldig von einem Bein aufs andere. Als ein Bahnbediensteter an ihm vorbeieilte, hielt er ihn an und sagte: „Guten Tag, junger Mann. Darf ich sie etwas fragen?" Der schaute ihn entgeistert an und mit verneinendem Kopfschütteln wollte er schon an ihm vorbeilaufen. Doch Konrad, der niemals aufgab, hielt ihn am Ärmel fest und sagte nochmals: „Darf ich sie etwas fragen?" „Was ist denn so wichtig, dass sie mich aufhalten?", fragte der junge Mann zurück. „Ich will ja nur von ihnen wissen, wann der Zug nach Frankfurt/Flughafen hier eintrifft. Sie müssen wissen, dass ich meinen Flug unbedingt erreichen muss." Der Bahnbedienstete zog die Schultern hoch, was so viel bedeutete wie „weiß ich nicht." „Können sie bitte einmal nachfragen? Ich kann mich ja schlecht von hier fortbegeben, falls er wider Erwarten gleich hier einlaufen sollte!" Mit Murren eilte der Bedienstete von dannen und nach einigen Minuten kam er doch tatsächlich zurück und meinte: „Es hat unterwegs eine kleine Panne gegeben und ihr Zug musste umgeleitet werden. Er wird wohl jeden Augenblick eintreffen." „Vielen Dank für ihre Bemühungen", erwiderte Konrad und schaute auf seine Taschenuhr. Diese war ein Erbstück seines Großvaters und er achtete sehr darauf, dass sie keinen Schaden nahm. Obwohl sie eigentlich nicht mehr in die heutige, moderne Zeit passte, war er sehr stolz, so etwas *Antikes* zu besitzen. Er war ansonsten ein sehr aufgeschlossener, moderner Mensch. Aber etwas Nostalgie war ihm doch zu Eigen. In seinem Haus hatte er einen Raum, den er sein privates Museum nannte.

Dort lagerten fein säuberlich geordnet alte Vinyl-Schalplatten von 1950 bis zu dem Zeitpunkt, wo diese kleinen CDs erschienen. Ein alter Plattenspieler stand daneben und ab und zu hörte er sich diese alten Schlager noch einmal an. In einem anderen Regal befanden sich jede Menge Bücher. Wenn man genau hinschaute, sah man, dass es nur Kriminalromane waren. Von allen möglichen Schriftstellern. Alte Romane, aus der Neuzeit. Er wusste eigentlich nicht, wie viele es inzwischen waren. Bei Gelegenheit würde er sie wohl katalogisieren müssen. Dann hatte er den Überblick und konnte sich wieder neueren Exemplaren widmen. Kaum jemand wusste von seinem Faible und so sollte es auch bleiben. Das hier war *seine* Welt, in die er sich zurückziehen konnte, wenn der Alltag ihn einmal gewaltig in den Klauen hatte. Dann suchte er sich eine passende LP und ein Buch heraus und tauchte ab, weit weg von dem hektischen Leben. So konnte er wieder neue Kraft sammeln.

Ganz in Gedanken versunken stand er auf dem Bahnsteig und sah den Zug näherkommen. Er schnappte sich seinen Koffer, den Rucksack hatte er nicht abgelegt und eilte den anderen Mitreisenden hinterher. Die Zugabteile waren schon fast bis auf den letzten Platz besetzt. Aber in weiser Voraussicht hatte Konrad bei der Buchung einen Platz reservieren lassen. Den musste er nun suchen. Das war gar nicht so einfach, voll bepackt wie er war und überall standen Menschen im Weg. „Können sie mich bitte vorbeilassen!", sagte er. „Sie sehen doch, dass alle Sitzplätze belegt sind! Wozu dann diese Hektik?", wurde er von einer Dame mittleren Alters angemotzt. „Entschuldigen sie, meine Dame, wenn ich sie gestört haben sollte. Aber ich habe in diesem Abteil einen Sitzplatz reserviert und dafür bezahlt. Den suche ich nun, ob sie wollen oder nicht. Einen schönen Tag noch!", und damit rauschte er an ihr vorbei. „Pfff, so ein Lackaffe!", murmelte die Dame und tat ganz beleidigt. Nach langem Suchen fand Konrad seinen Platz und setzte sich sichtlich erleichtert hin. Das Gepäck stellte er neben sich, weil alle Möglichkeiten einer Aufbewahrung ausgeschöpft waren. „Müssen sie ihr Gepäck hier abstellen? Man kommt ja kaum vorbei!", wurde er von einem Mann angepöbelt. Konrad erwiderte nichts, sondern dachte nur: „Meine Güte, was sind die Menschen hier schlecht gelaunt. Aber ich lasse mir meine gute Laune nicht verderben. Ich freue mich auf meine Reise und hoffe, dass die Gruppe, der ich mich anschließe, besser drauf ist."

Nach einer Stunde traf der Zug in Frankfurt/Flughafen ein. Er hatte noch genügend Zeit, bis das Flugzeug startete. So erledigte er erstmal die nötigen Formalitäten, gab sein Gepäck auf und begab sich auf die Suche nach dem befreundeten Ehepaar. Aber er konnte sie nicht finden und so ließ er sie über Lautsprecher ausrufen. Nach zehn Minuten erschienen die beiden und sie begrüßten Konrad aufs Herzlichste. „Hallo lieber Konrad. Wir, das heißt auch der Rest der

Gruppe, warten schon eine geraume Zeit auf dich. Wo warst du nur? Wir hatten doch vereinbart, uns so früh wie möglich zu treffen." „Entschuldigt bitte!", erwiderte Konrad. „Aber der Zug hatte Verspätung. Ich bin heilfroh, dass ich es geschafft habe, jetzt hier zu sein! Also lasst uns zu den anderen gehen." Als sie die Gruppe erreichten, war Konrad doch angenehm überrascht. Er war Fremden gegenüber immer etwas skeptisch. Aber diese Menschen waren ihm auf Anhieb sympathisch. Und das war gut so, denn sie waren ja immerhin vier Wochen zusammen unterwegs. Da musste schon alles stimmen, sonst war das Ganze von vornherein zum Scheitern verurteilt. Sie saßen noch einige Zeit zusammen und fragten sich, wie wohl die Reise verlaufen würde. Sie waren alle bis aufs Äußerste angespannt und konnten es kaum erwarten das Abenteuer zu starten. Wie Kinder, die sich auf Weihnachten freuten, so erging es den Erwachsenen.

Als der Flug nach Lhasa aufgerufen wurde, eilten sie durch das Gateway ins Flugzeug, nahmen ihre Plätze ein und warteten mit einem Kribbeln im Bauch auf den Abflug. Der Kapitän begrüßte alle Passagiere aufs Herzlichste. Die Stewardess bat sie mit einem Lächeln, beim Abflug die Gurte anzulegen und wünschte allen einen guten Flug. Den hatten sie auch. Das Wetter war optimal, kein einziges Lüftchen regte sich und der Airbus glitt sanft am Himmel entlang. In Konrads Tasche befand sich ein Buch, welches er immer bei sich trug. Es war das Buch der Bücher, die Bibel.

Und obwohl er keiner Kirche angehörte glaubte er an die Existenz Gottes. Die Bibel faszinierte ihn und er fand für jede Lebenslage die entsprechenden tröstenden und heilenden Worte. Das Buch lag aufgeschlagen auf seinem Schoß und er las aus dem Psalter: „Der Herr ist meines Lebens Kraft, vor wem sollte mir grauen?" Das machte ihn zuversichtlich und er schaute gelassen auf die nächsten Wochen, die vor ihnen lagen.

Als sie nach gut 20 Stunden in Lhasa eintrafen, waren Konrad und die anderen der Gruppe doch ziemlich mitgenommen. Mit einem Shuttlebus wurden die Touristen in ihre Hotels gefahren. Dort konnten sie sich von den Strapazen der Reise noch etwas erholen. Am darauffolgenden Tag ging es dann weiter zu den angestrebten Zielen. Für Konrad und die Gruppe zum Heiligen Berg. Die Reise mit den kleinen Lastwagen war abenteuerlich und sehr beschwerlich. Aber das hatten sie ja alle vorher gewusst, dass diese Tour kein Zuckerschlecken werden würde. Am Ziel erwarteten sie die Träger, die sie bei der Bergbesteigung begleiteten. Konrad stand mit einem glücklichen Lächeln auf den Lippen am Fuße des Berges und freute sich auf den Anstieg. Er wusste, dass es sehr anstrengend werden würde. Die Luft war sehr dünn hier und je weiter man nach oben kam, fiel das Atmen immer schwerer. Aber die Anstrengung lohnte sich. Am Ende stand die Erkenntnis, etwas ganz Außergewöhnliches erreicht zu haben. Die Gruppe der

Bergsteiger bestand aus 15 Personen, 7 Frauen und 8 Männern. Dazu kamen 6 Träger mit den Packeseln. Es war ein sehr schwieriger Aufstieg, aber keiner der Teilnehmer gab auf. Sie erreichten in der 2. Woche den Gipfel des Satsam La Pass, total erschöpft, aber glücklich und zufrieden. Der Abstieg verlief schneller als erwartet und als sie am Fuße des Berges angelangt waren, wartete schon eine andere Gruppe, die den mühsamen Weg noch vor sich hatte. Hier begegnete Konrad der Liebe seines Lebens. Es traf ihn wie einen Blitz. So etwas hatte er noch nie erlebt. Sie war sehr zierlich, hatte langes dunkelbraunes Haar, das ihr in Locken auf die Schultern fiel. Ihre Haut schimmerte wie Goldpuder in der Sonne und ihre Augen, ja ihre Augen, die so blau wie ein See glänzten, sahen ihn an, so dass er von einem Augenblick zum anderen dahin schmolz. Er ging auf sie zu und mit einem kleinen Kopfnicken sprach er sie an: „Darf ich mich vorstellen? Mein Name ist Konrad Langenfeld. Ich komme aus Deutschland und habe mit dieser Gruppe hier (er zeigte mit dem rechten Arm auf die Bergsteigergruppe) den 5.406 m hohen Berg dort bezwungen. Ihnen steht der Anstieg noch bevor. Darf ich sie vorher noch einladen, mein Gast zu sein? Ich könnte ihnen, meine Liebe, noch einige Verhaltensmaßregeln mit auf den Weg geben!" Die junge Frau sah ihn lächelnd an und meinte: „Sehr nett, sie kennen gelernt zu haben, Herr Langenfeld und vielen Dank für ihr Angebot. Aber ich habe mich sehr gut auf diese Bergbesteigung vorbereitet. Eine Tasse

Kaffee trinke ich aber sehr gerne mit ihnen!" Konrad lächelte sie an und meinte: „Dann kommen sie mit. Ich kann ihnen zwar keinen Luxus bieten, aber eine Kanne mit Kaffee!" „Das ist doch ganz in Ordnung", meinte die junge Frau. „Ich bin nicht verwöhnt!" „Sie sprechen sehr gut meine Sprache!", stellte Konrad fest. „Wo sind sie zu Hause, wenn ich fragen darf?" „Ach entschuldigen sie, ich habe mich ja noch nicht vorgestellt. Mein Name ist Isabella Esteban. Ich komme aus Patagonien und ich habe in Deutschland studiert. Deshalb spreche ich ihre Sprache so gut." Konrad war so entzückt von dieser kleinen Person. Am liebsten hätte er sie hier und jetzt sofort geküsst. Doch er traute sich nicht, hatte Angst sie zu erschrecken. „Wissen sie, dass ich schon immer nach Patagonien reisen wollte? Ich habe mir vorgenommen, nach diesem Abenteuer hier, Südamerika kennen zu lernen. Würden sie mir ihr Land näherbringen, Isabella? Ich würde sie gerne wiedersehen!" „Ja, das würde ich sehr gerne tun, Konrad", erwiderte Isabella. „Wie lange sind sie noch hier auf dem Dach der Welt?", wollte sie wissen. „Noch zwei Wochen", entgegnete Konrad. „Dann sehen wir uns leider nicht mehr! Aber ich gebe ihnen meine Anschrift. Dann können wir uns schreiben und im nächsten Jahr kommen sie mich besuchen!", sagte Isabella. „Das ist ja eine Ewigkeit, bis wir uns wiedersehen. Gibt es denn keine andere Möglichkeit?", seufzte Konrad. Er wollte doch dieses Geschenk nicht wieder hergeben. Ihm musste etwas anderes einfallen.

Er hatte doch sonst immer gute Ideen. „Ich verlängere meinen Urlaub um eine Woche und warte in meinem Hotel auf sie, liebe Isabella. Dann können wir alles in Ruhe angehen lassen." Damit war sie einverstanden. Und jetzt musste sie los. Die Gruppe wartete schon auf sie. Er nahm sein Buch, das er immer bei sich trug, aus der Tasche und schlug es auf. Dann las er laut aus den Sprüchen Salomons: „Ich liebe, die mich lieben, und die mich suchen, finden mich." Er brachte sie zu der Gruppe, die am Fuße des Berges auf Isabella gewartet hatte. „Ich wünsche dir alles Gute für den Aufstieg und komm gesund zurück. Ich warte auf dich!" Konrad winkte ihr noch zum Abschied zu.

Konrad wartete im Hotel auf die Rückkehr seiner geliebten Isabella. Er hatte seinen Urlaub, nach einigen Telefongesprächen mit seinem Vorgesetzten, um eine Woche verlängert. Und nun saß er hier wie auf heißen Kohlen. Liebte sie ihn so, wie er sie? Kam sie zu ihm zurück? Meinte sie es ehrlich? Fragen über Fragen quälten ihn. Die Zeit schien stehen zu bleiben, so kam es ihm jedenfalls vor. Doch Konrad gab nie auf. Endlich erschien Isabella im Hotel. Freudestrahlend nahm er sie in seine Arme. „Oh, meine liebste Isabella", hauchte er ihr ins Ohr. „Ich freue mich so, dich endlich in meinen Armen zu halten. Ich habe mich so nach dir gesehnt!" Isabella ließ es geschehen. Sie war sich nicht mehr ganz sicher gewesen, ob Konrad auf sie gewartet hatte. Es war doch alles sehr schnell gegangen. Doch er war hier. Und sie war hier. Sonst zählte im Augenblick nichts.

Für sie war Zeit und Raum aufgehoben. In den zwei Wochen auf dem Berg war ihr klar geworden, dass sie sich auch in diesen Mann verliebt hatte. „Erzähl mir von deiner Heimat, erzähl mir von Patagonien, Liebste!", bat Konrad. „Ich bin ja so neugierig!" „Was soll ich dir viel erzählen? Patagonien ist wunderschön. Es ist ein Teil Südamerikas, wie du sicher weißt, der sich südlich der Flüsse Rio Colorado in Argentinien und Rio Bio Bio in Chile und nördlich der Magellanstraße befindet. Es leben nur sehr wenige Menschen dort. Du musst unbedingt mit mir kommen und es dir ansehen. Ich kann es nicht so beschreiben, wie es in Wirklichkeit ist. Man muss es mit eigenen Augen sehen." „Ich hatte ja auch vor, meinen nächsten Urlaub dort zu verbringen. Aber zuerst müssen wir uns klar werden, wie es mit uns weiter gehen soll. Ich habe zwar noch keine Lösung, aber ich bewundere das Problem!", meinte Konrad mit einem Augenzwinkern und Isabella verließ sich voll und ganz auf den Schlüssel zu Konrads neuen Ideen.

Der Berg ruft

Voller Ehrfurcht steht er dort
vor dem riesigen Gebilde.
Das vor ewig langer Zeit
Gestalt annahm auf unserer Erde.

Ein Blick hinauf zur Bergeskrone,
auf den Lippen ein still' Gebet.
Dass Gott ihn schütze auf dem Wege
und der Anstieg gut zu Ende geht.

Ein schwierig Unterfangen nun beginnt,
der Berg sich seinen Meister sucht.
In der Wand zu kämpfen hat mit Sturm und Wind,
doch in dem Ungemach die Zuflucht find.

In einem Bergloch wohl geborgen
sucht Schutz er vor der rauen Welt.
Und freudig nach dem Machtspiel der Natur erhellt,
er seinen Weg zu Ende geht in einen neuen Morgen.

Hoch auf dem Gipfel prangt die Flagge,
die zum Ziel gesetzt ein starker Mann.
Als er stieg hinauf zum Berge
Und nun diesen auch bezwang.

Die sprudelnde Quelle

Es lebte einst in einem Wald ein alter Förster mit seinen beiden Töchtern. Die Frau des Försters war schon vor vielen Jahren gestorben. So blieb es an ihm, die beiden Mädchen großzuziehen. Sie wuchsen zu bildhübschen Frauen heran. Die eine hatte goldblondes Haar und Augen so blau wie ein See, die andere schwarzes Haar und dunkle, funkelnde Augen, die an eine Wildkatze erinnerten. So grundverschieden waren sie in ihrem Aussehen, aber sie hatten beide das gleiche liebreizende Wesen, dem man sich kaum entziehen konnte. Mancher junge Bursche verliebte sich in sie, wenn sie bei einer Wanderung das Försterhaus entdeckten, welches ganz versteckt zwischen Tannen und Fichten seinen Platz gefunden hatte. Sie wurden dann ganz selbstverständlich von den beiden Mädchen bewirtet und mancher Jüngling verließ den Ort voller Traurigkeit und Trübsal, weil ihr Werben keine Anhörung fand. Denn die beiden Töchter wollten ihren alten Vater nicht allein zurücklassen.

So wechselten die Jahreszeiten. Es wurde Frühling, es wurde Sommer, es wurde Herbst und Winter. Der Schnee hatte alles in ein leuchtendes Weiß verwandelt. Wenn sich einige Sonnenstrahlen durch die dichten Äste stahlen, glitzerten tausend kleine Kristallsternchen auf. Eines Tages machten sich die beiden Mädchen schon frühzeitig auf, um Holz und Reisig zum Feuern des Ofens zu sammeln. „Gebt gut acht auf euch", mahnte sie der Vater. „Im Wald lauern viele Gefahren." „Aber lieber Vater", entgegnete eine von ihnen. „Wir leben doch schon so lange hier und kennen jeden Strauch und Baum, jeden noch so versteckten Weg. Mach dir bitte keine Sorgen." Sie umarmten und küssten ihn zum Abschied. Gut eingepackt in einen flauschigen Mantel, die Haare unter einer Pelzmütze versteckt und dicke Fäustlinge gegen die bittere Kälte, so machten sie sich auf den Weg. Es war beschwerlich für sie, denn es hatte in der Nacht erneut geschneit. Sie sanken tief in den Schnee ein und jeder Schritt hinterließ einen harschen Ton. Der Schlitten, den sie hinter sich herzogen, fuhr sich schwer, weil der Schnee an den Kufen festklebte. Aber die beiden Mädchen waren trotzdem guter Laune. Es musste schon etwas Schlimmeres geschehen, was sie aus der Fassung brachte. „Komm, lass uns etwas ausruhen und einen Happen essen", schlug die Blonde der Schwestern vor, nachdem sie schon eine ganze Weile durch den Wald gezogen waren, „dann geht alles viel besser." „Ja, du hast recht, liebes Schwesterlein", meinte die andere und sie packten ihre Brote aus, die der Vater ihnen mitgegeben hatte. Nachdem sie sich gestärkt hatten, machten sie sich weiter auf den Weg, denn am Abend mussten sie wieder zu Hause sein. Eine kalte Winternacht überlebte niemand draußen im Wald. Plötzlich hörten sie ein Rascheln zwischen den dichten Tannen. Die Äste bogen sich von der Schwere des Schnees nach unten. Kam das Geräusch davon? Sie fassten sich an den Händen und rückten näher zusammen. Was war das? Noch konnten sie nichts erkennen. Doch dann sahen sie im Schnee Fährten eines Tieres. Von welchem Tier stammten sie? Sie gingen vorsichtig näher und entdeckten am Ende des Dickichts einen kleinen Wolf. „Nanu, wo kommst du denn her, mein Kleiner?", kam am es wie aus einem Munde von den Mädchen. „Wo ist denn deine Mutter? Oder bist du ganz alleine unterwegs?", fragten sie den kleinen Wolf, der ihnen natürlich keine Antwort gab.

Er sah sie nur mit traurigen Augen an. Doch wie aus heiterem Himmel standen plötzlich zwei ausgewachsene Wölfe vor ihnen. Erschreckt wollten sie davonlaufen. Aber einer der Wölfe stellte sich ihnen in den Weg fing an zu sprechen: „Habt keine Angst, ihr beiden. Wir tun euch kein Leid an. Wir sind froh endlich auf Menschen zu treffen. Viele Jahre irren wir nun schon umher und suchen Hilfe." Die beiden Schwestern waren sprachlos. Von sprechenden Wölfen hatten sie noch niemals in ihrem Leben gehört. Als sich ihr Erstaunen gelegt hatte, fragte die Schwarzhaarige: „Weshalb könnt ihr sprechen?" Nun kam der andere Wolf federnd über den Waldboden getrabt und ergriff das Wort: „Wir sind *drei* verwunschene Prinzen. Unseres Vaters Schloss steht am Meer. Wir haben einen sehr weiten Weg zurückgelegt, um aus dem Blickfeld unserer *Stiefmutter* zu entkommen. Sie hat uns drei

Brüder in Wölfe verwandelt, damit ihr eigener Sohn nach unseres Vaters Ableben König wird. Wir waren ihr daher im Weg." Die beiden Schwestern wurden traurig, als sie dies hörten und wagten kaum zu fragen: „Sagt, können wir euch helfen?" „Ja, wenn ihr es ehrlich meint, dann könnt ihr uns helfen, damit wir wieder in unsere menschliche Gestalt zurückverwandelt werden. Hinter diesem Wald beginnt eine Lichtung. Die müsst ihr durchschreiten. Dann kommt ihr an einen Fluss, den ihr überqueren müsst. Am Ufer befindet sich ein kleines Boot. Nehmt es, setzt euch hinein und rudert auf die andere Seite des Flusses. Wenn ihr dort ankommt, erwartet euch eine alte Frau. Erschreckt nicht! Sie ist auf beiden Augen blind. Sie wird euch fragen, wo ihr herkommt und was ihr willens seid. Antwortet ihr, dass der Königssohn euch schickt. Dann wird sie euch passieren lassen. Gebt ihr aber zuvor diese *sieben* Taler."

Der Wolf überreichte ihnen die Goldtaler, welche sie in ihren Fäustlingen verstauten. „Was müssen wir noch tun?", fragte die andere Schwester. „Ihr geht ein Stück weiter in den Wald hinein. Dort seht ihr dann vor euch eine sprudelnde Quelle. Ihr Wasser wird zu purem Gold, wenn es versiegt. Lasst das Gold liegen, füllt nur in diese Flasche, die ich euch mitgeben werde, von dem Wasser ein und verkorkt sie gut, damit kein Tropfen verloren geht. Ihr dürft nirgends lange verweilen. Kommt eilends wieder hier her zurück. Wir warten auf euch." „Aber wir müssen doch am Abend wieder zu Hause bei unserem Vater sein", entgegnete eines der Mädchen. „Er wird vor Sorge krank werden, wenn wir nicht erscheinen und denkt, dass wir im Schnee erfroren sind." „Wir werden euren Vater wissen lassen, wo ihr seid. Vertraut uns", entgegnete der kleine Wolf. „Dann ist es gut! Komm, wir machen uns auf den Weg!", sagten sie, fassten sich an den Händen und entschwanden. Die Wölfe riefen ihnen noch nach: „Zwei liebreizende Mädchen können den Zauber, der auf uns liegt, brechen. Wir wünschen euch viel Glück!" Aber das hörten sie nicht mehr.

Es traf alles so ein, wie der Wolf es ihnen beschrieben hatte. Das Boot lag am Steg, die alte Frau saß am Ufer – schaurig sah sie aus, egal, weiter gings. Die Quelle sahen sie schon von weitem. Sie liefen darauf zu und staunten. Der Boden um die Quelle war aus purem Gold. Was hatte der Wolf gesagt? Nehmt nicht von dem Gold. „Warum eigentlich nicht?", dachten sie. Es könnte ihnen und ihrem Vater helfen, ein sorgenfreies Leben zu führen. Sie waren hin und her gerissen. Doch zuletzt siegte ihr gutes Herz. Sie nahmen von dem Wasser und machten sich wieder auf den Rückweg. Als sie zu der Stelle kamen wo die Wölfe ihnen begegnet waren, stellten sie fest, dass der Schnee geschmolzen war. Blumen streckten ihre Köpfchen aus dem Waldboden und das Gras begann, seine grüne Farbe anzunehmen. Wie lange waren sie eigentlich unterwegs gewesen? Es kam ihnen vor, als hätten sie alles an einem Tag geschafft. Aber viele Monate waren ins Land gezogen. Die Wölfe aber waren noch da. Sie kamen angelaufen und aufgeregt wollten sie wissen, ob sie das Wasser von der Quelle mitgebracht hatten.

„Ja, hier ist es", riefen die beiden Mädchen gleichzeitig. Der ältere Wolf nahm die Flasche an sich und gab sie dem kleinen Wolf. „Du darfst als erster davon trinken", sagte er. Der kleine Wolf nahm einen Schluck aus der Flasche und siehe da, plötzlich stand ein kleiner Prinz vor ihnen. Dann kam der zweite Wolf an die Reihe und siehe da, er verwandelte sich in einen stattlichen jungen Prinzen. Dem dritten Wolf erging es ebenso. Sie hatten alle ihre menschliche Gestalt wieder angenommen. Voller Glück und Übermut ergriffen die beiden älteren Brüder die Hände ihrer Befreierinnen und tanzten mit ihnen um die Bäume. Der kleine Bruder sah ihnen lachend und in die Hände klatschend zu. Sie umarmten, herzten und küssten sich.

„Ihr habt uns von dem bösen Zauber unserer Stiefmutter befreit. Ihr sollt unsere Gemahlinnen werden. Wir nehmen euch mit in unser Königreich", so sprachen die Prinzen. „Aber wir können unseren alten Vater nicht zurücklassen", sagten die Schwestern. „Nein, das werden wir auch nicht. Wir nehmen ihn natürlich mit!" Gesagt – getan. So kam es, dass die drei Königssöhne mit den beiden Försterstöchtern und ihrem Vater in das Schloss am Meer Einzug hielten. Der König war außer sich vor Freude, als er seine verschollenen Söhne wieder in die Arme schließen konnte. Als er erfuhr, dass die Königin sie verzaubert hatte, ließ er diese sofort in Ketten legen und in den

41

Kerker sperren. Eine gerechte Strafe erwartete sie auch. Aber im Augenblick hatte er Besseres zu tun. Er musste die Hochzeit seiner Söhne mit den beiden liebreizenden Schwestern vorbereiten.

Die Vermählung fand in einem großen Rahmen statt. Alle Könige und Königinnen aus den benachbarten Ländern wurden eingeladen und das ganze Volk feierte mit, im Ganzen feierte man sieben Tage lang. Die Stiefmutter musste dieses Fest vom Kerker aus miterleben, ihr Sohn wurde des Landes verwiesen. Die beiden Schwestern und ihre Prinzen lebten glücklich und zufrieden. Und wenn sie nicht gestorben sind, dann leben sie noch heute.

Die Sage vom versunkenen Schloss

Vor langer Zeit so erzählt man sich hier
ein prunkvolles Schloss stand auf gesegneter Flur.
Ein reicher Graf mit Frau und lieblichem Kinde
dort lebten mit ihrem Hausgesinde.

Der Graf ein gar gütiger Landesherr war
und für Arme und Bettler sein Herz schlug fürwahr.
Der Gräfin Herz war zu Stein erstarrt
und zu den Menschen in Not grausam und hart.

Das grämte den mitfühlenden Grafen gar sehr
und seine Tage waren traurig und leer.
Doch die Liebe zu seinem Fleisch und Blut
war Labsal und Trost und gab ihm Mut

Einst ritt er mit seinem Gefolge zur Jagd.
Zurück blieb die Gräfin mit ihrer Magd.
Urplötzlich zog ein grausiges Unwetter auf
und der Boden unter dem Schlosse tat sich auf.

Verschlang das Schloss mit Mensch und Getier
unheimliche Stille herrschte nun hier.
Ein Bote überbrachte zur Mittagsstunde
dem Grafen die schreckliche Kunde.

„Herr Graf", rief er. „Verschwunden ist euer Heim,
ein tiefer See strömt nun dort im Lichterschein."
Der Graf an den Worten des Boten Zweifel hegte
und die Fügung in seines Pferdes Zutun legte.

„Nein, nein, dies kann nicht sein.
Ebenso stampft mein Ross eine Quelle aus dem Stein."
Nach diesen Worten scharrte sein Ross
eine sprudelnde Quelle, die aus der Erde schoss.

Des Grafen Antlitz färbte sich totenbleich
und in Windeseile hatte er die Stätte erreicht.
Blass und zitternd stand er dort
und starrte wie von Sinnen auf den Unglücksort.

Aller Lebensmut war ihm genommen,
doch wie ein Wunder kam sein Kind in der Wiege
über den See geschwommen.

Er dankte Gott aus tiefstem Herzen
und war erlöst von Herzensschmerzen.
Die Tage der Rosen jedoch gewannen
und er zog mit seinem Kind von dannen.

Das Gold der Eifel

Frühsommer –

ein Blütenmeer

goldgelbe

Schmetterlingsblüten

erstrahlen

über den

Eifelgründen

Wanderer (Haiku)

Frühmorgens im Wald.

Ein einsamer Wanderer

streift durch das Laub.

Zwischen den Tannen.

Nebel umhüllte Gestalt

greift ins Leere.

Die blaue Blume

Einst lebte zur Zeit des viel beachteten Malers und
Bildhauers Leonardo da Vinci in der gleichen Stadt ein
junger Mann namens Pietro. Leonardo wuchs in einem
gut bürgerlichen Elternhaus auf. Pietro dagegen wurde
als Bauernjunge zwischen Stall, Hühner, Dung und
Armut geboren. Er kannte nur verdreckte Hütten,
aufgeweichte Straßen und Wege und wusste nicht, dass
es in seiner Heimatstadt auch reiche Wohnviertel gab.
Sein Horizont erstreckte sich nicht über die mit
baufälligen Lehmhütten versehenen Armenviertel
hinaus. Tagsüber hütete er die Schweine und Ferkel
eines etwas wohlhabenderen Bauern. Er erhielt für
seine Dienste Essen und Unterkunft im Stall bei den
Schweinen. Deshalb wurde er auch überall nur der
Schweinehirt gerufen, nie mit seinem Namen. Es
machte ihn mitunter traurig, dass die Menschen ihn so
wenig beachteten und ihn auslachten, wenn er mit
seiner blauen Mütze auf dem tiefschwarzen, lockigen
Haarschopf und den verdreckten und durchlöcherten
Hosen an ihnen vorbei ging. Er hatte ein markantes
Gesicht. Seine Augen schauten voll Zuversicht, obwohl
das Leben es nicht gut mit ihm meinte. Sein Kinn reckte
sich trotzig nach vorne und seine Nase zeigte ihm
vorwitzig und ein klein wenig keck die Richtung an.
Sein Antlitz hatte einen bronzefarbenen Ton und

schimmerte seidig in der Sonne. Er zog alle Blicke auf sich, vor allen Dingen die der jungen Mädchen und Frauen, obwohl er doch so verschmutzt und zerlumpt einherging.

Eines Nachts hatte er einen merkwürdigen Traum: Er lag nicht mehr zwischen den Schweinen in dem verdreckten Stall, sondern unter einem Sternenhimmel, der so hell leuchtete wie der Komet Hale-Bopp, der zwar erst viel, viel später entdeckt werden würde, aber es war ja ein Traumbild. Eine Fee erschien ihm im Schlaf und ließ ihn wissen: „Pietro, ich bin deine gute Fee und wurde geschickt, dir ein besseres Leben zu schenken. Lange genug hast du darben müssen. Ich habe dich von Geburt an begleitet und gesehen, dass du ein guter Mensch bist, der es verdient hat, dass sein Leben nicht mehr so mühevoll enteilt. Wenn du erwachst, findest du ein Buch und drei Würfel. In dem Buch ist vermerkt, was zu tun ist. Die Würfel benutze nur, wenn es unbedingt sein muss. Dann nimm sie und lasse sie ganz sachte aus deinen Händen gleiten. Du wirst sehen, was du weiter tun musst. Es steht auf den Würfeln geschrieben. Ich verlasse dich jetzt und wünsche dir viel Glück."

Als er jäh erwachte, war er benommen und wusste nicht sogleich, wo er sich befand. Alles war wie immer. Die Schweine grunzten im Schlaf und es stank entsetzlich. Aber es war wenigstens warm hier im Stall und er musste nicht frieren. Etwas war doch anders. Er fand das Buch und die Würfel, welche er im Traum gesehen hatte. Er schüttelte verständnislos seinen Kopf und war sich doch bewusst, dass die Frau aus seinem Traum Wirklichkeit gewesen war. Er hob das Buch und die Würfel auf und setzte sich draußen in die schon wärmende Sonne. Neugierig schlug er das Buch auf, dessen Einband aus Leder bestand. Viele goldfarbene, rote, blaue, schwarze Buchstaben blendeten seinen Blick. Er musste für einen Moment die Augen vor so viel Vollkommenheit schließen. Dann öffnete er sie wieder und blätterte eine Seite nach der anderen um, konnte aber nichts finden, was ihm weiterhelfen würde, den Worten der Fee zu folgen. Doch mitten im Buch fand er ein Bild, auf welchem ein Turm, eingezäumt von einer großen Buchsbaumhecke, die zu einem Labyrinth gewachsen war, zu sehen war. Was sollte er wohl damit anfangen? Der Turm konnte doch überall stehen. Wo sollte er suchen? Seine Freude über das Geschenk hielt sich in Grenzen und er ließ betrübt den Kopf hängen. War es vielleicht der Turm in Pisa, oder der Turm zu Babel oder etwa der Turm hier in seiner Heimatstadt? Resigniert wollte er schon aufgeben, da fielen ihm die Würfel ins Auge. Er nahm sie und ließ sie sachte aus seiner Hand in den Sand gleiten. Zuerst sah er nur Zahlen, doch sie verwandelten sich nach und nach in Buchstaben und Zeichen. Er hob sie auf und murmelte leise: „Stehe auf und mache dich auf den Weg ins Land der Feen und Elfen. Es liegt hinter dem Horizont. Du musst immer nur der geraden Straße folgen. Unterwegs findest du am Straßenrand eine blaue Blume. Pflücke sie und sie führt dich zu uns".

Pietro stand langsam auf, streckte sich und verließ den Ort, der ihm so viel Leid in seinem jungen Leben bereitet hatte, ohne sich noch einmal umzuschauen. Er ging immer der geraden Straße entlang, so wie er es aus den Würfeln gelesen hatte. Stunden um Stunden vergingen und er hatte noch immer die blaue Blume nicht gefunden. Sein Mund war trocken vor Durst. In der Eile hatte er vergessen, sich mit Wasser zu versorgen. Die Sonne brannte erbarmungslos auf ihn herab. Er wurde müde und schlapp, seine Beine trugen ihn kaum noch. „Ich lege mich nur eine ganz kurze Weile hin um etwas auszuruhen", dachte er bei sich, „dann setze ich meinen Weg fort. Er verließ die Straße und legte sich am Waldrand in den Schatten. Es dauerte nicht lange und er war eingeschlafen. In der Zwischenzeit erschien die gute Fee und legte eine Flasche mit Wasser, Brot und Käse neben ihn ins Gras. Dann strich sie ihm über seine Locken und verschwand. Als er aufwachte und die Stärkung vorfand, war er sichtlich erleichtert. Das konnte nur von der Fee kommen. Er aß in aller Seelenruhe und löschte den Durst. Frisch gestärkt machte er sich weiter auf den Weg und alsbald sah er die blaue Blume am Straßenrand stehen. Er pflückte sie vorsichtig ab und hielt sie weiterhin in seiner Hand. Sie sollte ihm ja den Weg ins Feen- und Elfenland weisen. Und siehe da, sie zog ihn magisch nach vorne, immer weiter. Es lief alles wie von selbst. Die Zeit schien keine Rolle mehr zu spielen. Vergangenheit, Gegenwart, Zukunft, alles vermischte sich in seinen Empfindungen. Plötzlich, ganz unerwartet stand er vor einem großen Turm. Das musste er sein. Er stieg die vielen Stufen bis zur Turmspitze hinauf. Von hier oben konnte er über das ganze Land blicken. Er sah in einiger Entfernung ein riesiges, aus grünem Buchsbaum angepflanztes, Labyrinth. Dorthin trugen ihn seine Füße. Am Eingang des Labyrinths fand er einen Hut, einen Zauberhut. Er setzte ihn sich auf und sofort wurde ihm bewusst, welchen Weg er einschlagen musste, damit er sich in diesem Wirrwarr nicht verlief und am Ende nicht mehr herausfand. Der Zauberhut führte ihn in die Mitte des Irrgartens. Hier stand ein Tisch aus behauenem Stein mit vielen schönen Blumen- und Tierornamenten. Auf diesem Tisch lag eine rote Samtjacke mit weißen Spitzen an den Ärmeln und sieben goldenen Knöpfen. Ein feiner Windhauch legte sich Pietro auf die Schultern und er bemerkte, dass eine kleine Elfe sich dort niedergelassen hatte und zu ihm sagte: „Du hast es vollendet. Du bist am Ziel deiner Reise angekommen. Nun sollst du für deine Mühe belohnt werden. Nimm diese Jacke, ziehe sie an und du wirst niemals mehr arm sein. Nur gib gut acht auf die goldenen Knöpfe. Verlierst du sie, ist es mit deinem Reichtum zu Ende." Dann flatterte sie leise davon und ließ nur noch einen zarten Rosenduft zurück.

Pietro nahm die Samtjacke und zog sie sich über. Und als er in die Taschen griff, fühlte er viele Münzen in seiner Hand. Er sprang vor Freude in die Höhe und tanzte ausgelassen um den Tisch herum. Dann setzte er sich den Zauberhut wieder auf und fand den Weg aus dem Labyrinth heraus. Aber wie sollte er den Weg nach Hause finden? Immer der geraden Straße entlang, hatte die gute Fee gesagt. Da war guter Rat teuer. Es führten mehrere Straßen von dem Labyrinth weg. Aber er hatte die blaue Blume doch noch. Die würde ihm den richtigen Weg schon weisen. Aber wo hatte er sie nur hingelegt? Sie musste noch auf dem Tisch im Labyrinth liegen. Also setzte er den Zauberhut erneut auf und der führte ihn wieder in die Mitte des Irrgartens. Hier lag die blaue Blume. Pietro nahm sie an sich und verließ eilends dieses Durcheinander von Gängen. Niemals hätte er allein dort wieder hinausgefunden. Die Blume zeigte ihm den Weg in die Heimat. Er war lange unterwegs gewesen. Als er losmarschierte, war es Sommer gewesen und nun empfingen ihn kleine, weiße Schneeflocken.

Die Menschen in seiner Stadt wunderten sich sehr über den jungen Mann. War das nicht der verdreckte, zerlumpte Schweinehirt, der plötzlich verschwunden war und niemand wusste, wo er geblieben war? Nun ging er mit erhobenem Haupt und stolzem Blick über die gepflasterten Straßen der Stadt. Seine Kleidung war aus feinstem Tuch und seine Jacke aus rotem Samt. Die Blicke der jungen Mädchen und

Frauen auf sich gerichtet, hatte er für jede ein nettes Wort übrig und den armen und kranken Menschen steckte er hier und da einige Münzen aus den Taschen seiner roten Samtjacke zu.

Maienzeit

Ein zarter Hauch

streift meine Wangen

mit Frühlingsduft.

Ach Seele mein

von Glück umfangen.

So klar und rein

ist Maien.

Schneeglöckchen

blüten weiß

und zart wie elfenflügel

künden uns den

frühling an

und auf jedem

kleinen hügel

stehn sie

herrlich anzuschaun.

Lavendel

Ein Meer aus Blüten.

Violettes Farbenspiel.

Betörender Duft.

Spielplatz der Sinne.

Bezaubernd schöner Anblick

erfreuen das Herz.

Erinnerungen

Der alte Mann saß nach vorne gebeugt an seinem Wohnzimmertisch und war in das Betrachten einiger Fotos vertieft. Er schaute sie sich immer wieder an, lächelte dabei und manches Mal konnte man ein wehmütiges „Ach ja" hören. Als der Wasserkessel ein lautes Pfeifen von sich gab, legte er die Fotos zur Seite und ging mit schlurfenden Schritten in die Küche. Er nahm sich eine Tasse aus dem Schrank, legte einen Teebeutel hinein und goss es mit siedendem Wasser auf. Er stellte die Tasse auf den Küchentisch, ging zum Kühlschrank und entnahm eine Flasche Gin, wovon er sich einen großen Schluck in seinen Tee schüttete. Das kam in letzter Zeit des Öfteren vor und er wusste genau, dass er so nicht weitermachen durfte. Aber die Sorgen fraßen ihn auf und ab und zu ein Schlückchen Alkohol vertrieb sie für eine gewisse Zeit. Doch das war keine Lösung. Nachher hatte er immer einen fürchterlichen Katzenjammer und alles schien ihm dann noch auswegloser. Niemand konnte ihm helfen, niemand konnte ihn trösten. Er nahm die Tasse und ging zurück ins Wohnzimmer, setzte sich wieder an den Tisch und betrachtete die Fotos. Sie zeigten ihn und seine über alles geliebte Frau als Hochzeitspaar. „Wie hübsch sie ausgesehen hat", ging es ihm durch den Kopf. Das lange blonde Haar war zu einem Kranz um den Kopf geflochten und mit grüner Myrte geschmückt. Der Schleier war am Hinterkopf mit vielen Haarnadeln befestigt und er konnte sich noch so gut daran erinnern, dass sie große Schwierigkeiten mit diesem Schleier hatte, weil er so schwer war und sie nach hinten zog. Sie hatte ihn dann auch nach dem Brauttanz abgelegt. Das Hochzeitskleid war schlicht gehalten. Was hervorstach, war der wunderschöne Brautstrauß. Ihre Lieblingsblumen waren Maiglöckchen. Der Florist hatte sich bei der Zusammenstellung des Straußes selbst übertroffen. Maiglöckchen mit Vergissmeinnicht, blauen Hortensien und weißen Rosen. Es war in dieser Zeit, sie heirateten kurz nach dem Krieg, schwer eine schöne Hochzeitsfeier auszurichten. Doch es war ihnen gelungen und sie erinnerten sich immer wieder gerne an diesen Tag. Die Flitterwochen hatten sie zu Hause verbracht. Für eine Hochzeitsreise fehlte ihnen das Geld. Aber sie waren jung, verliebt und glücklich. Was brauchten sie da eine große Reise? Sie waren beide noch sehr jung, als sie heirateten, gerade mal zwanzig Lenze zählten sie. Das Schicksal meinte es gut mit ihnen, auch in den darauffolgenden Jahren. Sie gebar ihm zwei Söhne und eine Tochter. „Wir hatten sehr viel Glück im Leben", dachte er. „Ich darf jetzt nicht mit dem Schicksal hadern. Aber es ist so schwer für mich mit anzusehen, wie meine geliebte Frau alles Schöne, was ihr das Leben geschenkt hat, vergisst. Sogar mich. Und die Kinder. Die Abschnitte werden immer kürzer, wo sie mich erkennt. Mein Herz schmerzt so sehr, wenn ich daran denke, dass sie sich immer weiter von mir entfernt. Und nichts und niemand kann es aufhalten." Er seufzte bei diesen Gedanken. Mit Bedacht räumte er die Fotos in das Album ein und legte es neben sich auf den Beistelltisch. Dann hatte er es wieder schnell zur Hand, wenn ihm danach war die Bilder anzuschauen. Es war eigentlich ein Trugbild, wenn er sich in frühere und schönere Zeiten zurückversetzte. Aber das war eben alles, was ihm geblieben war. Er warf einen Blick auf die Wanduhr und stellte fest, dass es Zeit wurde, sich für den täglichen Besuch bei seiner Frau zurecht zu machen. Langsamen Schrittes ging er ins Bad. Im Spiegel schaute ihn ein fremder Mann an. Er erschrak, als er feststellen musste, dass die Krankheit seiner geliebten Frau auch an ihm nicht spurlos vorüber ging. Seine Augen hatten jenen Glanz verloren, den seine Frau in ihnen hervorrief, wenn sie ihn anblickte. Traurig schaute er sein Spiegelbild an und sagte laut: „Dein Herz geht den Weg, der es ihm weist." Das war für ihn nicht schwer. Er liebte seine Frau noch wie am ersten Tag ihrer Begegnung vor fast 65 Jahren. „Wie die Zeit vergeht. Ich möchte keinen Tag missen", dachte er. Als er sich fertig hergerichtet hatte, nahm er seinen Mantel, die Schlüssel und öffnete die Haustür. „Oh ich werde alt", lachte er laut. „Ich habe doch tatsächlich vergessen, mir ein Taxi zu bestellen. Zu Fuß kann ich ja nicht gehen, der Weg ist einfach zu weit". Er ging also wieder zurück ins Haus. Das Telefon stand auf der Kommode in der Diele. Er nahm den Hörer ab und wählte die

Nummer der Taxizentrale. Sie kannten ihn dort schon. Er meldete sich und bat um ein Taxi. „Aber selbstverständlich. Wir schicken ihnen sofort jemanden vorbei", antwortete die freundliche Stimme am anderen Ende der Leitung. „Ach ja, das ist lieb von ihnen. Vielleicht ist dieser nette junge Mann frei. Wie heißt er denn gleich? Er hat mich schon öfters gefahren." „Sie meinen sicher den Franzl." „Ja, so ist sein Name", entgegnete der alte Mann. „Man kann sich so gut mit ihm unterhalten. Er hat immer ein offenes Ohr für mich und witzig ist er auch!" „Ich versuche, ihn zu erreichen und schicke ihn bei ihnen vorbei", sagte die Frauenstimme. Sie wusste, dass der alte Mann viel allein war und jede Unterhaltung genoss. Sie schaffte es auch tatsächlich und binnen weniger Minuten hielt das Taxi vor dem Haus des alten Mannes. Der junge Mann war im Begriff den Klingelknopf zu betätigen, als die Haustür geöffnet wurde. „Ich habe sie kommen sehen, Franzl. Können wir?" „Selbstverständlich. Fahren wir den gleichen Weg?" „Ja, wie immer", erwiderte der alte Mann. Es dauerte keine dreißig Minuten, bis sie das Pflegeheim, in welchem sich seine Frau befand, erreichten. Er bezahlte den Taxifahrer und meinte: „Heute bleibe ich etwas länger bei meiner Frau. Sie hat heute Geburtstag. Vielleicht erinnert sie sich." „Dann wünsche ich ihnen einen schönen Tag. Melden sie sich, wenn sie wieder nach Hause fahren möchten." Er winkte dem jungen Mann noch einmal zu und dann zog er sich die große, steinerne Treppe zu dem Pflegeheim hinauf. Es war beschwerlich für ihn. Er merkte, dass es von Mal zu Mal anstrengender wurde. „Hoffentlich halte ich durch", ging es ihm durch den Kopf. Als er die große schwere Eichentür öffnen wollte, ging sie wie von Geisterhand auf und dahinter erschien das lachende Gesicht von Schwester Inge. „Guten Tag, Herr Andres. Wie geht es Ihnen? Wir haben sie schon erwartet. Wir haben eine Überraschung für sie." „Oh, da bin ich aber neugierig", entgegnete er. Sie gingen gemeinsam in die große Halle, die auch als Aufenthaltsraum diente. An einem kleinen runden mit sehr viel Sorgfalt gedeckten Kaffeetisch saß seine geliebte Frau. Sie schaute auf, als sie ihn kommen sah. Aber kein Erkennen war zu spüren. Die Schwester nickte ihm zu und meinte, dass sie heute einen guten Tag hätte. „Warten sie ab, Herr Andres. Sie wissen doch, dass sie sehr viel Geduld aufbringen müssen." Ja, geduldig und einfühlsam zu sein, das hatte er in den vergangenen zwei Jahren gelernt. Er setzte sich zu seiner Frau an den Tisch, schenkte sich und ihr aus der mit Rosen verzierten Kaffeekanne ein, legte ihr ein Stück ihrer Lieblingstorte auf den Dessertteller und wartete darauf, dass sie sich bei ihm bedankte. Sie sah ihn an und lächelte: „Kennen wir uns? Ich kann mich jedenfalls nicht entsinnen, dass wir uns begegnet sind. Aber wo sie nun einmal hier sind, essen sie doch auch ein Stück Kuchen mit!" Dem alten Mann traten die Tränen in die Augen und er musste sich beherrschen, nicht laut aufzuschreien. Es war bald unerträglich für ihn. Sie kannte ihn nicht. Und er hatte ihr doch noch ein Geburtstagsgeschenk mitgebracht. Es war zwecklos, es ihr zu geben. Nachdem sie ihren Kuchen gegessen hatte, schlug er vor, gemeinsam einen Spaziergang durch den wunderschön angelegten Park zu machen. Nachdem sie sich ihre Strickweste angezogen und einen Schal um ihren Hals gelegt hatte, gingen sie in den nahegelegenen Park. Die Sonne lachte und kein Wölkchen trübte den Himmel. Eine Amsel hüpfte einige Meter vor ihnen hin und her und erfreute sie mit ihrem Gesang. Seine Frau lauschte dem Konzert der Vögel mit einem Lächeln auf dem Gesicht. „Sie hat Freude an diesem Ausflug", dachte der alte Mann. Plötzlich blieb sie stehen, schaute sich um und erblickte ein Beet mit Maiglöckchen. Sie bückte sich und pflückte ganz bedächtig eine Blume nach der anderen, bis sie einen Strauß zusammen hatte. Dann drehte sie sich um, blickte ihren Mann liebevoll an und sagte: „Erinnerst du dich noch, damals als wir uns kennenlernten? Du fragtest mich, welche Blumen ich am liebsten mag. Ich antwortete dir, Maiglöckchen. Und am nächsten Tag hast du mir einen großen Strauß Maiglöckchen geschenkt und gesagt: „Die sind für meine Liebste, der ich mein Herz schenke, für immer und ewig." Da nahm er ihre Hände in die seinen und antwortete: „Ja, und du hast gesagt, mein Herz geht den Weg, den es ihm weist." Sie sah ihn noch einmal an, dann entzog sie ihm mit einem Schreckenslaut die Hände, drehte sich um und ging den Weg zurück, allein, ohne ihren Mann.

Der weiße Hirsch

Vor vielen Jahren lebte in einem kleinen Ort eine Witwe mit ihrer Tochter. Die Eltern gaben ihr bei der Taufe den Namen Bella. Bella war so schön, dass selbst die Sonne ihre Strahlen vor ihr verneigte. Doch das Mädchen blieb bescheiden und brav. Des Nachts wiegte der Mond sie in seinen Armen in den Schlaf. Die Tiere des Waldes begleiteten sie auf ihrem Weg, wenn sie notgedrungen am Tag im Wald Beeren und Pilze suchte, die sie auf dem Markt in der nahegelegenen Stadt verkaufte. Sie waren nicht mit Reichtum gesegnet und mussten Tag für Tag mit größter Mühe für ihren Lebensunterhalt sorgen. Damals, als der Vater noch lebte, ging es der Familie gut. Er war der Jäger des Königs. Doch nach dem Tod des Mannes gerieten seine Witwe und die Tochter in Vergessenheit. Niemand kümmerte es, wie sie ihren Lebensunterhalt bestritten. Doch trotz der Not bewahrten sie ihre Herzenswärme und Frömmigkeit. „Gott ist immer mit uns, vergiss das nicht, mein Kind!", sagte die Mutter.

Eines Tages, ganz früh am Morgen, machte sich das Mädchen auf in den Wald, um Reisig und Holz für den nahenden Winter zu sammeln. „Gib gut auf dich acht!", ermahnte sie die Mutter. „Im Wald lauern viele Gefahren!" „Ach liebe Mutter, du musst dich nicht sorgen. Die Tiere des Waldes beschützen mich", erwiderte sie. Dann küsste sie die Mutter und machte sich frohgemut auf den Weg. Leichtfüßig schritt sie die Pfade entlang, wich hier und da einem Käfer aus und spitzte ihre Ohren, wenn es im Laub raschelte. Sie kannte den Wald in- und auswendig, denn ihr seliger Vater hatte sie schon als Kind mitgenommen und ihr jedes Kraut, jede Blume, jeden Baum und jedes Tier nähergebracht. Doch plötzlich entdeckte sie einen schmalen Pfad, den sie nicht kannte. Er wich von dem Hauptweg ab und wand sich zwischen den Bäumen in kurvenreichen Linien. „Weshalb kenn ich diesen Weg nicht?", wunderte sie sich. „Das ist schon seltsam!" Aber neugierig geworden schlug sie die Richtung ein und geriet immer tiefer in den Wald. Hier war ihr alles fremd und unheimlich. Obwohl sie sonst keine Furcht kannte, klopfte ihr Herz jetzt doch heftig und Angst stieg in ihr auf. Wo befand sie sich? Hatte sie sich verirrt? Das konnte doch nicht sein. Sie hatte sich noch niemals verlaufen. Sie merkte, dass ihre Beine sie kaum noch trugen. Alles an ihr bebte. Sie musste sich einige Minuten ausruhen und überlegen, wie sie wieder aus dieser Bedrängnis herauskam. Eine alte Eiche bot ihr Unterschlupf. Sie fiel hin, als sie über einen vermoderten Baumstumpf stolperte, der mit vielen dunkelgelben Pilzen übersät war. Langsam erhob sie sich und entdeckte eine kleine Einbuchtung, welche dicht mit samtweichem Moos bedeckt war. Diese gab genügend Platz, um sich auszuruhen. Die Wurzeln des Baumes legten sich wie behutsame Hände um ihren

Körper. Die Äste des alten Eichbaumes hingen schützend über ihr. Im Geäst brütete ein Vogelpärchen. Sie fühlte sich trotz allem wohl und schlief ein im Bewusstsein, hier einen Platz gefunden zu haben, der für sie allein geschaffen war. Sie hatte einen wunderschönen Traum. Ein weißer Hirsch, umhüllt von einem bunten Farbenspiel, welches sie ebenfalls wie eine wärmende Decke überrieselte, erschien ihr. Sie fühlte keine Kälte und keine Furcht mehr. Majestätisch stand er dort. Er beugte seinen edlen Kopf mit dem gewaltigen Geweih nach vorne und schaute sie unverwandt an. Sie entdeckte in seinem Blick Mitgefühl und Güte und einen Hauch von Traurigkeit. Als sie erwachte, war sie etwas verwirrt. Hatte sie geträumt oder war es Wirklichkeit? Sie schaute sich um, konnte den schönen stattlichen Hirsch aber zu ihrem Leidwesen nicht entdecken. Erstaunt nahm sie aber zur Kenntnis, dass vor dem Baum eine Unmenge an Eicheln lagen, die sich vorher dort nicht befanden. „Wo kamen die denn plötzlich her?", fragte sie sich. Die alte Eiche hatte nicht so viele Früchte getragen, einige vielleicht. Aber nicht diese Menge. Bevor weitere Gedanken in ihrem Kopf herumschwirrten, hörte sie ein Rascheln im Gebüsch und leise Schritte näherkommen. Sie versteckte sich hinter der dicken Eiche. Mit einem Male sah sie den weißen Hirsch näherkommen. Es schien so, als suchte er nach jemandem. Das Mädchen kam aus ihrem Versteck und stellte sich vor den Hirsch. „Es gibt dich ja wirklich!", sagte sie. „Und ich dachte schon, du seist nur ein Traumgebilde gewesen." Der Hirsch schaute sie so seltsam an wie im Traum und erwiderte: „Ja, ich lebe wirklich und wahrhaftig. Doch ich bin dir auch im Traum erschienen. Ich habe ein großes Anliegen an dich! Wie ist dein Name?" Das Mädchen traute ihren Ohren nicht. Ein Tier, das sprechen konnte, hatte sie noch nie in ihrem Leben gesehen. „Ich glaube ich träume immer noch!", stellte sie fest. Aber der Hirsch schüttelte seinen Kopf mit dem gewaltigen Geweih und ließ sie wissen, dass er ein verwunschener Prinz sei und seit vielen Jahren im Wald umher irre auf der Suche nach einem Menschen, der ihn von dem auferlegten Fluch befreien könnte. Eine böse Zauberin hatte ihn verwandelt, weil sein Vater, der König, sie im Turm gefangen hielt, da sie eine große Gefahr für Jedermann im Reich darstellte. Er müsse sich immer wieder ein neues Versteck suchen, denn wenn die Jäger auf der Pirsch waren, schwebte er in Lebensgefahr. „Du könntest den Fluch von mir nehmen. Du bist ein guter Mensch, das fühle ich!", sagte der Hirsch. „Aber du hast mir deinen Namen noch nicht genannt!" „Meine Eltern gaben mir den Namen Bella!", erwiderte sie. Das Schicksal des Prinzen dauerte das Mädchen und sie fragte: „Was muss ich tun um dir zu helfen?" Er erwiderte: „Siehst du die vielen Eicheln dort vor dir auf der Erde? Du musst jede einzelne von ihnen öffnen. In einer von diesen Früchten befindet sich ein goldener Ring. Wenn du ihn gefunden hast, dann rufe nach mir. Ich werde dir dann sagen, wie es weiter geht!"

„Bella", sagte er verträumt, „der Name passt zu dir. Du bist wunderschön!" Bella lächelte und meinte: „Das ist mir gleichgültig. Meine Mutter sagt immer, wenn man ein gutes Herz besitzt, ist das mehr wert als alles andere auf der Welt!" „Deine Mutter scheint eine kluge Frau zu sein!", stellte der Hirsch fest. „Wenn du genauso klug bist, ist es für dich eine Leichtigkeit die Aufgabe zu erfüllen!" Nach diesen Worten verschwand er. Bella setzte sich ins hohe Gras und begann die Eicheln zu öffnen. Es war eine mühevolle Arbeit und sie sah kein Ende. Seufzend erhob sie sich und sagte: „Ach, wenn ich doch nur eine Hilfe hätte. Es ginge dann alles viel, viel schneller." Das hörte das Vogelpärchen im Baum und sie erzählten es weiter an einen Hasen, der erzählte es weiter an eine Spitzmaus. „Vielleicht kannst du Bella helfen?", meinte er. „Ach, das würde ich ja sehr gerne tun. Aber ich habe mir einen Zahn ausgebissen. Das geht ja dann nicht", erwiderte das Mäuschen. Unterwegs traf sie aber einige Eichhörnchen. Denen erzählte sie, in welcher Notlage sich ihre Freundin befand. Natürlich waren diese sofort bereit, Bella zu helfen. Sie sprangen von Baum zu Baum und waren flugs bei der alten Eiche angelangt. Dann setzten sie sich neben Bella und begannen, die Eicheln mit einer Geschwindigkeit zu knacken, dass es ihr beim Zusehen schwindlig wurde. So schnell war sie nicht. Ein Glück, dass die Eichhörnchen vorbeikamen und ihr halfen. „Ihr seid meine guten Geister!", sagte sie. „Ihr dürft euch so viele Eicheln mitnehmen, wie ihr tragen könnt.

Nur die Eichel mit dem goldenen Ring, die müsst ihr mir geben." Sie waren schon eine geraume Zeit bei der Arbeit, als Bella plötzlich leise aufschrie und einen goldenen Ring in der Hand hielt. „Ich habe ihn gefunden!", rief sie glückstrahlend. „Dank euch, die ihr mir geholfen habt, meine lieben Freunde!" Bella trat aus dem Dunkel der Eiche ins Helle und rief nach dem weißen Hirsch. „Hallo, hörst du mich? Ich habe den goldenen Ring gefunden." Kaum hatte sie den Satz zu Ende gesprochen, stand der stattliche Hirsch vor ihr. „Das hast du sehr gut gemacht, Bella. Aber noch ist nicht alles erfüllt. Drei Aufgaben sind zu erfüllen. Die zweite besteht darin, dass du diesen Wald verlassen musst, um zu dem Schloss meiner Eltern zu gelangen. Du gehst immer geradeaus und erreichst eine wunderschöne Blumenwiese. Pflücke einen Strauß dieser Blumen, aber nimm nicht die schönsten, sondern von den niederen Pflanzen. Dann gehst du weiter und gelangst bei Dämmerschein ins Schloss. Bitte um eine Audienz beim König und überreiche ihm den Ring. Er wird wissen, was zu tun ist. Aber nimm dich in Acht! Die dritte Aufgabe ist die schwerste. Der König wird sie dir stellen." Sie strich dem Hirsch sanft über das weiche Fell und meinte zuversichtlich: „Ich werde es schon zu Ende bringen!" Und damit verabschiedete sie sich und tat das, was ihr aufgetragen wurde. Es traf alles so ein, wie der weiße Hirsch gesagt hatte. Sie erreichte die Wiese und pflückte die unscheinbarsten Blumen unter ihnen, obwohl sie nicht verstand, warum sie nicht die schönsten pflücken durfte. Dann ging sie weiter, bis sie das Schloss erreichte. Just in dem Augenblick versank die Sonne am Firmament und die Dämmerung legte sich über das Land. Sie gelangte vor den König und überreichte ihm den Ring. „Wer bist du und woher kommst du? Und woher hast du diesen Ring?", fragte er aufgeregt. „Das ist doch der Ring meines Sohnes. Sag, wie kommst du an diesen Ring?" Bella erzählte ihm was sich zugetragen hatte und meinte: „Herr König, zwei Aufgaben habe ich jetzt erfüllt. Die dritte und letzte sei die schwerste. Was muss ich tun?" Der König erhob sich und trat zu Bella hin, nahm sie bei der Hand und führte sie hinaus in den Schlosshof. „Siehst du den großen Turm mit den kleinen vergitterten Fenstern? Dort oben lebt die Zauberin, die dem Prinzen den Fluch auferlegt hat. Dort hinauf müsstest du steigen und ihr entgegentreten. Diesen Strauß Blumen gibst du ihr. Sobald sie ihn in den Händen hält, ist der Zauber aufgehoben. Es ist keine leichte Aufgabe. Es könnte sein, dass sie ihn ablehnt. Ich könnte verstehen, wenn du es dir anders überlegst." „Was ich einmal angefangen habe, werde ich auch zu Ende bringen. Ich habe keine Angst vor der Zauberin." Der König gab ihr den Schlüssel für das Tor zum Turm und ermahnte sie, sehr vorsichtig zu sein. Bella nahm ihn an sich. Der König zeigte ihr den Weg und wünschte ihr viel Glück. Bella steckte den Schlüssel in das Schloss. Sie musste kräftig drücken, denn das Tor war schon sehr in die Jahre gekommen und es knarrte bei jedem Schub. „Bei diesem Krach hört die Hexe mich ja schon von weitem", murmelte Bella. Leise stieg sie die vielen Stufen bis zur Kammer, wo sich die Zauberin aufhielt, hoch. Das Herz klopfte ihr doch ein wenig. Aber mit viel Gottvertrauen würde sie es schaffen. Als sie oben anlangte, blieb sie kurz stehen und horchte an der einzigen Tür, die sich hier oben befand, ob sich in dem Raum etwas bewegte. Aber es war still. Bella drückte den Türgriff leise nach unten und öffnete die Tür. Zuerst konnte sie nichts erkennen. Die Sonne schien ihr in diesem Augenblick ins Gesicht und blendete sie. Sie hielt sich die Hand über die Augen und blinzelte. Dann sah sie die Zauberin. Sie stand mitten im Raum und Bella meinte, dass sie mit ihrer Größe das ganze Zimmer ausfüllte. Doch das täuschte. Bella hatte in einen Spiegel geschaut, der Menschen und Gegenstände vergrößerte. In Wirklichkeit war sie nicht größer als alle Menschen. „Was suchst du hier?", wurde Bella barsch gefragt. „Ich suche dich!", antwortete das Mädchen. „Und ich habe dich ja gefunden!" „Was willst du von mir, sag!", wollte sie wissen. „Ich will nichts von dir. Ich habe gehört, dass du schon viele Jahre hier im Turm gefangen bist und wollte dir eine Freude bereiten. Ich habe dir einen Strauß Blumen mitgebracht. Ich hoffe doch, du freust dich darüber!" Bella ging näher zu der Zauberin hin und überreichte ihr den Blumenstrauß. Diese besah sich den Strauß und meinte: „Die sehen ja hässlich aus. Aber ich liebe alles Hässliche. Gib her!" Sie griff nach dem Strauß und im gleichen Augenblick, als sie ihn berührte, wurden es die schönsten Rosen, die je ein Mensch gesehen hatte. Der ganze Raum duftete nach diesen wunderschönen Blumen. Die Zauberin jedoch war verschwunden und man hat sie nie mehr zu Gesicht bekommen.

Plötzlich hörte Bella vom Schlosshof herkommend lautes Geschrei und sah Menschen aus allen Richtungen herbeilaufen. Sie eilte so schnell sie ihre Füße trugen, die Stufen hinab und stürmte aus dem Turm ins Freie. „Was ist los? Warum das Jubeln?", wollte sie von einer vorbeieilenden Schlossbediensteten wissen. „Der Prinz ist wieder da. Er war doch viele Jahre verschollen. Das ganze Schloss steht auf dem Kopf. Der König und die Königin sind außer sich vor Freude." Bella war auch überglücklich. Sie hatte es tatsächlich geschafft. Denn es stand außer Frage, dass es der weiße Hirsch, nein, der Prinz war, den sie erlöst hatte. Die Menschenmenge wurde plötzlich ganz still, denn der König schritt in der Mitte an ihnen vorbei, an seiner Seite der Königssohn. Sie eilten auf Bella zu und der Prinz sagte voller Freude: „Ja mein Vater. Das ist sie. Bella – die Schöne. Sie hat all das auf sich genommen, um mich von dem Fluch zu befreien. Sie soll meine Gemahlin werden, denn ich liebe sie sehr." „Wenn sie dich auch liebt, soll der Vermählung nichts im Wege stehen!", sagte der König. Bella war zuerst ganz verwirrt. Doch als der Königssohn zu ihr herüberschaute und sie die Liebe in seinem Blick sah, wurde ihr ganz warm ums Herz und merkte, dass ihm auch all ihre Liebe gehörte. Sie hatte ja auch schon den weißen Hirsch in ihr Herz geschlossen. „Sag ja", deutete sein Blick und Bella sagte ja, aber nur wenn ihre liebe Mutter auch im Schloss wohnen durfte.

Die Hochzeit wurde mit großem Prunk gefeiert. Die Menschen aus dem ganzen Königreich nahmen an den Feierlichkeiten teil. Niemals hatte man ein schöneres Brautpaar gesehen. Und jeder wünschte ihnen nur das Beste. So lebten Bella und ihr Prinz viele Jahre glücklich und zufrieden. Nachdem sich das alte Königspaar in den Ruhestand verabschiedet hatte, wurde der Prinz König des Landes und Bella seine Königin.

Auf der Pirsch

Zur Pirsch ging einst ein Jäger
bei Dämmerung in den Wald.
Von seinem Ansitz legte er
sich auf die Lauer und alsbald

erschien ein Rehlein im Gebüsch
den Jägersmann nicht ahnte.
Der spannte sein Gewehr und rasch
wollt' schießen, doch ihn mahnte

plötzlich sein Gewissen:
Lass es laufen, schieß vorbei!
Und er schoss an ihm vorbei!
Das Rehlein wähnte sich nun frei,
und sprang dem Jäger fort als Bissen.

So war des Jägers Lust am Jagen
vorbei für eine lange Zeit.
Er musste seiner Leidenschaft entsagen,
dies war des Rehleins Glück und Seligkeit.

Ich, der Rattenfänger

Rattenfänger wurde ich genannt,
im ganzen Land war ich bekannt.
Zog mit Flöte und Gesang
von Ort zu Ort auf Rattenfang.

So kam ich einst ins Städtchen Hameln
auch hier die Ratten zu versammeln
und auszurotten diese Plage
doch stellte ich die bedachte Frage
an den hohen Magistrat:
Was soll mein Lohn sein für die Tat?
Der hohe Herr im Rat versprach mir
für den Erfolg im Jagdrevier:

Kein Schaden soll dir eigen sein,
du erhältst viel Taler und mein Töchterlein.
Ob dies Versprechen war ich bereit,
die Stadt von der Plage zu befrein.

Mit der Pfeife zog ich durch die Gassen
und lockte das Getier in Massen
aus der Stadt hinaus zur Weser
wo sie all ertranken im Gewässer.

Als diese Tat gekrönt war mit Erfolg
zog ich nach Hameln und erbat mein Gold.
Und auch das mir versprochene Mägdelein,
des Bürgermeisters Töchterlein.

Doch anstatt mich zu entlohnen,
begann man mich arg zu verhöhnen:

Was willst du hier du Müßiggänger?
Scher dich von dannen, verweil nicht länger!
Kein Platz für dich hier ist,
hast dich eingeschlichen mit viel List.

Man hetzte mich zur Stadt hinaus
mit Hundekläffen, Katz und Maus.
Und ob diesem grausamen Geschehen
rief man: Lass dich nie wieder bei uns sehen.

Man schloss das Stadttor hinter mir,
kein Verbleiben war mehr hier.
Ich zog von dannen mit Zorn und Hass,
in meinem Herzen für nichts mehr Platz.

Betrogen hatte man mich in dieser Sache
Und schon sann ich auf finstere Rache.
Zu sehr wurde ich belogen
Und mein Name in den Schmutz gezogen.

Ich zog in meinem bunten Jägerstaate
erneut nach Hameln hin zum Rate.
Doch nicht um Ratten einzufangen
Nein, ihre Kinder zu versammeln.

Mein Pfeifchen ließ vertraute Töne klingen
und alle Kinder, Knaben, Mägdlein springen
vergnügt und singend hinterdrein,
sogar des Bürgermeisters Töchterlein.

So zogen wir zu Hamelns großer Schande
Zur Stadt hinaus mit großer Bande.
Aus der Stadt und aus dem Land
reisten wir nun Hand in Hand.

Über Grenzen hinaus

Der Konzertsaal war bis auf den letzten Platz besetzt. Die Erwartung und Spannung konnte man den meisten Besuchern in ihrem Gesicht ablesen. Getuschel und Gemurmel waren zu hören, wie etwa: „Bin gespannt, wie sie den ganzen Rummel um sich herum verkraftet." Oder: „Sie ist ja noch so jung und dann plötzlich von heute auf morgen eine kleine Berühmtheit zu sein, das muss man erst einmal emotional verarbeiten!" So und noch vieles andere wurde unter den Anwesenden getratscht. Doch sie sollten bald eines Besseren belehrt werden.

Pia störte das alles nicht. Sie stand hinter dem noch geschlossenen Vorhang auf der Bühne und spähte durch eine kleine Lücke ins Publikum. „Wieder ausverkauft", ging es ihr durch den Sinn. Besser konnte es doch wirklich nicht für sie laufen und sie damit ihrem Ziel näherbringen. Seit gut einem halben Jahr stand sie auf der Konzertbühne und zeigte ihren Zuhörern, was sie konnte. Sie ließ ihre Finger zart über die Tasten des Flügels gleiten, schloss ihre Augen und gab sich ganz der Musik hin. Sie war in diesen Augenblicken nicht sie selbst, ein Wesen aus einer anderen Welt. Manchmal konnte sie es selbst nicht glauben, wie schnell sie die Menschen in ihren Bann gezogen hatte.

Pia atmete noch einmal tief durch. Dann wurde das Licht im Saal langsam heruntergefahren und der Vorhang öffnete sich. Nur ein Scheinwerfer, der auf sie gerichtet war, erhellte die Bühne. Sie stand dort in ihrem langen, schwarzen Kleid. Ihre blonden Haare hatte sie zu einem Zopf geflochten und mit einer roten Rose geschmückt. Sonst trug sie keinen Schmuck. Sie verbeugte sich vor ihrem Publikum und gleichzeitig ertönte ein Beifallssturm. Dann setzte sie sich an ihren Konzertflügel und ließ ihre Finger über die Tasten gleiten, ließ sie mit den Noten spielen und ließ die Zuhörer alles um sich herum vergessen. Vergessen, für eine Stunde, zwei Stunden, was sich vor den Türen des Konzerthauses abspielte. Wie sich die Menschen aus dem Wege gingen, nur hetzten und die meisten keinen Blick für den anderen übrig hatten. Wie sie fast alle mit ihren Problemen beschäftigt waren und darüber vergaßen, ihre Mitmenschen in das Leben mit einzubeziehen.

Pia war durch ihre Auftritte viel auf Reisen und erkannte alsbald, dass sehr vieles im Argen lag. Sie war eine weltoffene, junge Frau und hatte sich vorgenommen, mit ihrer Musik Brücken zu bauen, Brücken die die Menschen einander näherbringen würden. Ihr Mentor und Lehrer, der sie so oft es ging auf ihren Reisen begleitete, unterstützte sie in ihrem Vorhaben, war aber auch kritisch und mahnte sie, ihre Euphorie zu dämpfen. „Glaube mir Pia, die Menschen sind manchmal komische Wesen. Zuerst sind sie begeistert und jubeln. Dann kann es geschehen, dass es ganz schnell ins Gegenteil umschlägt. Du musst immer mit den Füßen auf dem Boden der Tatsachen bleiben." Pia lachte dann und meinte: „Keine Sorge! Ich werde mein Ziel erreichen. Denn was ich mir vorgenommen habe, bringe ich zu Ende." Ihr Mentor kannte sie schon lange und war sich bewusst, dass seine ehemalige Schülerin es ernst meinte. „Ich wünsche dir alles Glück der Welt!", sagte er. „Du hast viel gearbeitet und es verdient. Und wenn du mich brauchst, bin ich immer für dich da!" „Siehst du, wie einfach es ist. Die erste Brücke habe ich schon gebaut," lachte Pia. „Sie ist zwar schon etwas älter, doch immer noch ohne Bruchstellen", fügte sie hinzu. Ihr Lehrer lächelte sie an und nickte zustimmend mit dem Kopf. Sie war schon ein eigenwilliges Geschöpf und er glaubte an sie. Ihre Begabung, die Musik in sich aufzunehmen und an andere weiterzugeben, war ihr in die Wiege gelegt worden. Er kannte sie schon, seit ihre Eltern sie förderten und er ihr Lehrer wurde. Er sah sie heranwachsen und sah die großen Fortschritte, die sie ihrem Traum Pianistin zu werden, näherbrachten. Jetzt hatte sie ihr Ziel fast erreicht. Sie wurde umjubelt und in den Medien als das Wunderkind des Jahrhunderts betitelt. Doch musste sie noch viel an sich arbeiten. „Der Erfolg fällt einem nicht in den Schoß, man muss ihn sich erarbeiten", pflegte er zu sagen. Pia war eine gelehrige Schülerin gewesen und hielt alles Wissen tief in ihrem

Inneren verschlossen, um es zu öffnen, wenn die Situation es erforderte.

So saß sie nun vor ihrem Flügel und spielte für die Menschen im Saal. Kein Laut war zu hören. Nur die Töne, die wie aneinandergereiht ihre emotionalen Gefühle auf die Anwesenden schweben ließen, waren zu hören. Man hielt den Atem an, um die Einzigartigkeit dieser Perfektion tief in sich aufzunehmen. Es wurde ihnen nicht zu viel versprochen, dieses Konzert übertraf alles. Und die Zweifler unter ihnen, wurden eines Besseren belehrt. Als Pia ihr Klavierkonzert beendete, brauste ein heroischer Beifall auf und Jubelrufe wurden laut. Diese junge Frau dort auf der Bühne hatte es erreicht, dass sich die Menschen in den Arm nahmen, ob sie sich kannten oder fremd waren. Sie hatte es geschafft, dass die Musik die Menschen verband, in diesem Augenblick und vielleicht noch darüber hinaus.

Das wollte sie doch von Anfang an: Eine Beziehung zu den Menschen aufbauen. Durch die Musik, über die Grenzen hinaus.

Neuanfang

Eingeschlossen im Dunkel der Nacht,

verschütteter Zugang zum Herzen.

Kalter Stein – zum Bersten gebracht

Liebe und Hoffnung alles ausmerzen.

Den Blick gen Himmel gewandt

öffnet sich neues Leben.

Und jeden Tag als Neuanfang

zu sehen als reichen Segen.

Die karierte Reisetasche

Es war einmal eine karierte Reisetasche, die verbrachte auf dem Dachboden eines schon in die Jahre gekommenen herrschaftlichen Hauses ein monotones Dasein. Der Eigentümer dieses Hauses wies in jeglicher Weise die gleichen Merkmale auf wie sein Besitztum. Er war auch in die Jahre gekommen, wo die besten Zeiten so langsam in Vergessenheit gerieten. Und manchmal saß er in seinem alten Lehnstuhl und dachte mit Wehmut an sein früheres Leben, denn die Hälfte seines Lebens hatte er sich auf Reisen befunden. Er hatte fast alle Länder dieser Erde gesehen, die höchsten Berge erklommen, in den tiefsten Gewässern getaucht, Urwälder durchstreift und die schönsten Frauen verführt. Und immer war seine karierte Reisetasche dabei. Ganz zu Anfang war sie noch hübsch anzusehen. Sie wurde eigens für den Mann in einer kleinen aber renommierten Werkstatt in London angefertigt. Der Korpus bestand aus feinstem aber doch sehr strapazierfähigem rot-schwarz-gelb kariertem Stoff. Innen war die Tasche mit schwarzem Futtertaft verkleidet und im Boden befand sich eine Öffnung, in welchem der Mann bei Reisen seine Wertgegenstände unterbrachte. An den Seiten befanden sich zwei große Taschen, die mit einem Reißverschluss versehen waren. Die Griffe waren aus feinstem Nappaleder mit Perlmutt angefertigt. Nun war die Reisetasche unansehnlich geworden. Die Zeiten des Umherreisens waren vorbei und der alte Mann hatte sie auf diesem besagten Dachboden abgestellt.

Ein Seufzer erklang aus dem Innern der Tasche und sie dachte, dass es nicht recht war, was er tat. Zeit seines Lebens war er mit ihr durch die Welt gezogen, sie war immer für ihn da. Und nun hatte er sie auf das Abstellgleis geschoben. Aus den Augen, aus dem Sinn. Sie wurde traurig und eine kleine Perlmutttträne kullerte auf den harten Boden, so dass man einen leisen Wehklang hören konnte. Sie verfiel in Melancholie und ihre Gedanken verflüchtigten sich in frühere Zeiten:

Was war das immer aufregend für sie gewesen, wenn es hieß, wir gehen auf Reisen. Schon einige Tage vorher wurde sie mit den besten Kleidungsstücken bepackt und zu guter Letzt kam obendrauf die Kamera, die alle Abenteuer festhielt. Viele Fotoalben waren voll mit den schönsten Bildern der letzten vierzig Jahre. An ihnen konnte man erkennen, wie der Mann und auch sie, die karierte Reisetasche, sich verändert hatten. Der Mann wurde älter, bekam graue Haare, Falten und Gicht, eine schmerzhafte Angelegenheit, weshalb auch das Reisen ein jähes Ende nahm. Ja, sie hatte schon ein bewegtes Leben hinter sich, im wahrsten Sinne des Wortes „bewegtes". Sie wurde von einem Ort zum anderen mitgenommen, ausgepackt und ins Abstellzimmer verfrachtet, bis die Zeit zur Abreise kam. Eigentlich erlebte sie dort ja nicht viel. Aber sie spitzte ihre imaginären Ohren, wenn der Mann von seinen Abenteuern berichtete. Und das war nicht wenig. Sie hatte ein fantastisches Vorstellungsvermögen.

So erinnerte sie sich an den Tag, als sie mit dem Luxusdampfer im Hafen von Sydney anlegten. Die Passagiere standen alle an Deck und winkten den jubelnden Menschen an Land zu. Es war beeindruckend, wie sie hier empfangen wurden. Busse und große Geländewagen standen bereit, um die Touristen ins Landesinnere oder zu den anderen Sehenswürdigkeiten Australiens zu befördern. Der Mann und seine karierte Reisetasche stiegen in den Jeep ein, der sie ans Great Barrier Reef bringen sollte. Eine lange Reise stand ihnen bevor. Aber es hatte sich gelohnt. Unberührte, palmengesäumte Inseln, farbenprächtige Koralleninseln und eine faszinierende Unterwasserwelt erstreckten sich über zweitausend Kilometer entlang der Küste. Der Mann war ein exzellenter Taucher und er erforschte die Unterwasserwelt mit seiner Unterwasserkamera. Sie, die karierte Reisetasche, kannte diese wunderschöne Landschaft nur von den Bildern her oder von den Erzählungen des Mannes.

Von Australien reisten sie ins Land des größten Berges der Erde, den Mount Everest. Er liegt im Himalaya-Gebirge und es haben schon viele Bergsteiger versucht, ihn zu erklimmen. Nur wenige haben es geschafft. Auch der Besitzer der Reisetasche begab sich auf eine Expedition ins Gebirge. Sherpas begleiteten die Männer und einige Frauen, die das Wagnis eingehen wollten, diesen Berg zu bezwingen. Aber sie mussten auf halber Höhe ihren Entschluss aufgeben, weil die Luft zum Atmen immer dünner wurde. So war dieses Abenteuer misslungen.

Die Reise ging von Nepal aus weiter nach China. Sie hatte schon viel über dieses Land gehört und war sehr neugierig, vor allem aber auf diese riesig lange Mauer. Im Duden hatten sie nachgelesen, dass die Mauer eine historische Grenzbefestigung darstellt, die das chinesische Kaiserreich vor nomadischen Reitervölkern aus dem Norden schützen sollte. Wahnsinn – und nun standen sie, eigentlich nur der Mann, auf dieser besagten chinesischen Mauer. Sie war ja viele, viele Kilometer lang und man brauchte sehr viele Tage, bis man sie ganz überschritten hatte. Als nächstes besichtigten sie die Terrakotta-Armee des ersten chinesischen Kaisers, der sich diese lebensgroßen Soldaten als Beigabe zu seinem Grabkomplex anfertigen ließ. Der Anblick war atemberaubend und die Fotos gaben es wieder.

Von China aus reisten sie weiter nach Mittelamerika, besser gesagt nach Mexiko. In Yucatan besichtigten sie die bedeutendsten Maya Ruinenstätten.

Von dort ging es per Schiff wieder zurück in die Heimat. Nach einiger Zeit wurde die karierte Reisetasche wieder gepackt und sich in ein neues Abenteuer gestürzt. Diese Reise ging ins Land der Pharaonen. Ägypten war das für ihn faszinierendste

Land mit dem höchsten Kulturgut überhaupt, was eigentlich nicht verwunderlich war, weil er einige Jahre als Archäologe dort tätig gewesen war und dieses Land lieben lernte. Und nun hatte er sich einigen Forschungsreisenden angeschlossen, um nach weiteren Altertümern zu suchen. Denn dieses Land gab vieles her. Sie begaben sich von Luxor aus ins Tal der Könige. Luxor war auch Ausgangspunkt der Nilkreuzfahrt, die sie bis nach Assuan brachte, um von dort aus nach Abu Simbel weiter zu reisen. Es war eine der schönsten Reisen überhaupt für den Mann und seine karierte Reisetasche. Er erzählte seinen Freunden und Bekannten immer wieder von diesem Land und die Fotos gingen von Hand zu Hand, wurden bewundert und bestaunt. Einen Vorfall würde sie wohl ihr ganzes Leben nicht vergessen. Es geschah auf einer ihrer letzten Reisen, die sie nach Casablanca führte. Sie wurde bei der Einschiffung vertauscht. Die gleiche Reisetasche stand in ihrer Nähe. Der alte Mann fiel fast in Ohnmacht, als er seine, wie er glaubte, Reisetasche öffnete und eine Schatulle mit Edelsteinen und Diamanten zum Vorschein kamen. Natürlich verständigte er sofort die Polizei, die auch nach kurzer Zeit den Besitzer der vertauschten Tasche ausfindig machte, anhand der Personalien, die der Kapitän des Passagierschiffes ihnen aushändigte. Er war ein lange gesuchter Juwelendieb und der alte Mann erhielt eine Belohnung, die auf die Ergreifung dieses Verbrechers ausgesetzt war. Die karierte Reisetasche kam wohlbehalten wieder bei ihrem Eigentümer an.

Ach ja, es war schon eine herrliche Zeit voller neuer Eindrücke und Erlebnisse gewesen. Aber nun war dieses Kapitel abgeschlossen. „Schade", ging es der Reisetasche durch den Sinn. Aber alles hat einmal ein Ende.

Plötzlich sah sie, wie sich die Tür zum Dachboden öffnete und sich ein Lichtschein in den dunklen Raum verirrte. Ein Geräusch erweckte den Eindruck eines Schlurfens von Hausschuhen über den Holzboden und ganz überraschend stand der alte Mann vor seiner Reisetasche. Er hob sie auf und murmelte leise vor sich hin: „Ich habe nicht angenommen, dass ich sie noch einmal brauchen würde!" Die karierte, fahle Reisetasche hätte vor Freude aus dem Stoff fahren können. Endlich, endlich hatte das öde Dasein hier oben ein Ende. Es ging wieder los auf Reisen. Der Mann nahm seine Tasche und schlurfte mit ihr über den Dachboden. Die steile Treppe in den Wohnbereich hinabzusteigen, fiel ihm unendlich schwer. Aber das merkte die Reisetasche nicht, denn sie war überglücklich, endlich wieder das tun zu dürfen, wofür sie angefertigt worden war. Der alte Mann stellte sie in seinem Schlafzimmer auf das Bett, um sich beim Einpacken nicht bücken zu müssen, denn das fiel ihm unendlich schwer. Er packte alles Nötige in seine Tasche, nur die Kamera fehlte. Und das gab der Reisetasche Rätsel auf. Warum nahm er die Kamera nicht mit auf Reisen. Sie war doch immer dabei gewesen. Manchmal verstand sie ihn wirklich nicht mehr.

Als es an der Tür pochte, eine Klingel gab es an diesem altertümlichen Haus nicht, ging er langsamen Schrittes, um sie zu öffnen. Draußen stand ein großer, kräftiger Mann in einer wunderlichen Montur und einer Schirmmütze auf dem schon etwas lichten Haar. „Sind sie fertig?" fragte er. „Dann kann es ja losgehen!" Er nahm ihm die karierte Reisetasche aus der Hand und warf sie auf die Rückbank des in der Einfahrt geparkten Autos. „Au, wie gehst du mit mir um, du Grobian!", wollte sie schreien. Aber natürlich hörte er sie nicht. Dann half er dem alten Mann in den Wagen und sie fuhren los. Über endlos lange Straßen, an Städten und Dörfern vorbei um dann am Ende in einen Waldweg einzubiegen, der sie an ein großes Gebäude führte mit einem riesigen Park voller Bäume und Sträucher. Das sah doch alles sehr freundlich aus. Aber wo waren sie? Der alte Mann kletterte aus dem Wagen und sah sich hilfesuchend um, als plötzlich eine weiß gekleidete Frau die große, steinerne Treppe hinabstieg und auf den Mann zuging. „Ich begrüße sie ganz herzlich und wünsche ihnen für die Zeit hier bei uns einen angenehmen Aufenthalt. Wenn ich sie dann bitten darf, mir zu folgen! Das Personal bringt ihre persönlichen Sachen auf ihr Zimmer. Die Möbel, die sie mitbringen konnten, sind heute eingetroffen. Ich hoffe, es ist alles zu ihrer Zufriedenheit!" Der Mann nickte und ging hinter der Frau her auf das Gebäude zu. Der große, kräftige Mann trug die Reisetasche die Treppe hoch und sie konnte über dem Eingangstor lesen: Seniorenheim Waldesruh.

Visionen

Du Mensch, du glaubst, du seist das Novum

auf dieser schönen Welt.

Doch der Mond in seinem Glanze

zur Erde wirft sein rot Gewand.

Und staunend fällt der Blick hinauf zum Erdtrabant.

Du Mensch, du glaubst du seist das Wahre

auf dieser weiten Welt.

Doch droben an dem Himmelszelt

ein Meer von Sternen die Nacht erhellt.

Du Mensch, du glaubst noch immer,

dass Nichts und Niemand dir überlegen ist.

Doch schaust du auf zum Firmament

ein Schwarm von Sternschnuppen dies übertrifft.

Und nun besinnst du dich vielleicht,

wenn Sternschnuppen dich streifen.

Einen Wunsch hast du frei, doch was wirst du
wünschen?

Gesundheit, Wohlstand, Glück?

Oder doch Zufriedenheit?

Es liegt an dir Mensch, zu handeln.

Du bist   s o   klein auf dieser Welt.

Noch ist es Zeit, das Erbe zu erhalten

für unsere Kinder die Zukunft besser zu gestalten.

Besinn dich, Mensch!

Du hast nur diese Erde.

Sie ist ein Gottgeschenk,

darum halte sie in Ehren.

Mein besonderer Dank gilt meinem Sohn Daniel für seine Unterstützung bei der Entstehung dieses Buches.

Außerdem möchte ich mich bei Caroline Rezazada bedanken, bei der ich sehr viel gelernt habe und Dank auch an meine übrigen Schreibfreundinnen.

Das Titelfoto entstand vor dem Bürgerhaus *Alte Schule* in meinem Heimatort Mehren.